교회를 교회되게

교회의 미래 건설적으로 모색하기

kmc

The church to be the church

프롤로그

교회와 나

교회와 나

내 삶은 교회와 더불어 시작했다. 강원도 산골 어느 자그마한 교회의 주일날 풍경은 고요하고 정겨웠으리라. 땡땡 교회종이 울리고 첫 담임 목회지 강단에 올라 정성껏 기도로 준비한 설교를 열정적으로 선포하셨을 아버지의 모습도 그려진다. 군데군데 구멍 난 예배당 마룻바닥에서는 가끔 찬송에 흥에 겨운 뱀들이 고개를 쏘옥 내밀어 새댁인 어머니를 깜짝 놀라게 했다지만, 그런 이야기마저도 내게는 동화 속 풍경처럼 감칠맛 나고 재미있는 에피소드였다.

다만 내가 태어나던 날의 이야기는 다소 드라마틱했다. 하필 주일에 산통이 온 어머니는 설교하시는 아버지를 신경 쓰이게 하기 싫으셔서 무조건 참으셨고, 나는 양수가 다 빠져나온 월요일 이른 아침 꽉 짜 놓은 빨래처럼 비틀어진 모습으로 세상에 나왔다 한다. 기억날 리는 없지만 어머니 뱃속에서 어쩌면 나도 꼭꼭 참으며 '목회밑천'이라는 목회자 장녀 노릇을 이미 하고 있었는지도 모른다. 어머니가 원주 시내의 기독병원 계단을 오르던 무렵 나는 반쯤 나온 상태였다 하니 나름 주일 성수를 하고 세상에 나온 셈이다.

나면서부터 시작된 나의 '꼬마목회'는 이후 시간적으로도 공간적으로도 교회와 늘 연결되어 있었다. 네 살 아래 막내를 업고 교회당 주변을 서성이며 동생을 어르다가 넘어져 다쳤던 일곱 살 무렵에는, 그래도 아이를 안 울리고 나만 다친 덕분에 오후예배 드리던 부모님께서 신경 쓰시지 않게 되었노라, 제법 자부심도 대단했다. 고등학교 시절 사택 내 방은 하필 교회 기도실 바로 옆이라서, 새벽기도를 위해 따로 알람을 해 놓을 필요가 없기도 했다. 종종 새벽잠 놓치신 할머니 권사님들이 교회 문을 열어 달라며 유일하게 주차장 쪽 지상으로 나 있던 내 방 창문을 두드리시곤 했다. 콘크리트 건물 벽을 타고 전해져 오는 성가대의 찬양 연습 소리를 들으며 곧 다가올 추수감사절, 성탄절을 앞서 알게 되었던 일. 송구영신예배 때는 언제나 사택에서 저녁 대접을 하신 아버지의 목회 방침 덕분에 한 해의 마지막 날 늘 접시 몇 백 개를 설거지하며 보냈던 기억….

그러나 어찌 이런 고단한 기억만 있으랴. 예민하고 불만 많던 사춘기 시절, 하나님께 쏟아 놓을 사연들을 잔뜩 짊어지고 엎드린 기도실에서, 내가 단지 목회자의 자녀라는 이유만으로 내 앞쪽에 꿇어 엎드리신 한 집사님의 절절한 기도 속 주인공이 되어 있음을 확인하던 순간. 가장 온전하고 귀한 것은 주의 종께 드려야 하는 거라며 새벽마다 몰래 문 앞에 누군가 놓고 가신 예쁜 호박, 갓 딴 옥수수, 알 굵은 감자. 왜 반찬이 계속 풀밖에 없냐고 투정부린 다음날에 마치 '기도의 응답'(?)처럼 똑똑 문을 두드리는 어느 교인의 손에 들려 있던 양념불고기. 하하, 여호와 이레! 신기하고 놀라워 소리치고 즐거워하는 세월 동안, 어느덧 내가 먹은 것들은 다름 아닌 기도와 사랑이었음을 알게 되었던 날의 감격.

그렇게 '교회'는 …, 나면서부터 '교회'는 나에게 '따로 생각할 수 없는 내 삶의 터전'이었다. 유학 가기 전 스물여섯 해는 문자 그대로 교회당 건물 안에서 산 인생이요, 그 이후에도 동서양 어느 교회 건물이든 일단 들어가면 친정집같이 친근하고 편안하게 느껴지는 것이 나였다.

아마도 그래서였을 거다. 머리가 굵어지고 동서고금의 온갖 기독교

사상을 접하면서도 유난히 내 가슴을 뛰게 하고 내 머리를 자극시켰던 주제는 단연코 '교회론'이었던 것 말이다. 어느 신학자의 주장을 접하더라도 '그는 교회를 어떻게 이해했을까?' 난 그것이 늘 궁금했더랬다. 교회를 '그리스도의 몸'이라 정의했던 최초의 기독교 신학자 사도 바울 이래로 기독교 역사 이천 년의 교회론을 훑다가 어느덧 박사학위 논문마저 교회론으로 귀결된 나였으니, '교회' 이야기를 풀어 보려는 한 사람으로서 독자들은 나에게 어느 정도 신뢰를 줄 수 있지 않을까? 그런 기대를 해 본다.

교회가 물론 건물 '만'을 의미하는 것은 아니지만, 한때 우리나라의 '교회당'이 많은 사람들에게 피난처요 은신처였던, 살게 되는 장소요, 쉼을 얻는 장소였던 시절이 있었다. 적어도 선교 초기부터 6·25 직후까지만 하더라도 '교회'는 그런 공간이었다. 사는 모양, 믿는 사상 따지지 않고 일단 먹여 주고 일단 재워 주고 일단 가르치고 일단 보호하는 그런 공간. 현대적 의미의 조직이나 시설이 변변치 못하던 근대 초기 우리나라 역사에서 교회는 그렇게 '살리는' 공간이었기에 믿는 이든 아니든 교회에 대한 인상이 나쁘지 않았다. 물론 전후 서양의 구호물자들이 주로 교회를 통하여 보급되었던 역사적 배경도 작용했겠으나, '밀가루 신자'(교회에서 배급되는 밀가루를 받기 위해 교회에 등

록하던 신자)가 생길 정도로 교회는 '가난한 자' 지향성을 확실히 보여
주던 공간이었다. 부모 배경 없고 가진 것 없어도 교회에 가면 보살핌
을 받고 배움의 통로도 열린다고 믿었던 시절이 있었고, 실제로 한국
의 근대 초기 지도자들 중에는 교회의 후원으로 교육을 받은 사람들
이 꽤 많았던 것이 사실이었다. '교회에 다닌다'고 말하면 눈빛을 달
리하여 진지하게 바라봐 주던 그런 시절이 분명 있었다.

그런데 지금은 아니다. 어이없게도 이제 교회는 부자들의 회합으
로, 성공한 사람들의 사교 공간으로 인식되는 것이 통례다. 유학 시절
'아버지가 목사님'이시라는 내 말에 잔뜩 비웃음을 담아 "부흥 목사
시냐? 너 그럼 유학 비용은 걱정 없겠구나!" 그리 응수하던 한 선배의
말에 얼마나 상처를 받았던지. '교회에서 받은 돈은 한 푼도 없다'고
큰 소리로 내질러 놓고도 풀리지 않던 내 상한 마음은 교회를 향한 세
상의 시선이 그리 부정적임에 놀랐기 때문이었다. "아니, 북한도 아니
고… 무슨 교회 행사에 여자들이 한복을 입고 1킬로미터 간격으로 쫙
서 있는 거니?" 나는 어려서부터 보아온 익숙한 풍경이건만, 한 대형
교회 특별집회에 함께 강사로 초대되었던 한 비기독교인 동료는 가뜩
이나 큰 눈을 더 동그랗게 뜨고서 나를 쳐다보며 말했다. 아, 교회 밖
의 사람들은 교회를 이렇게 보는구나! 고작 두 명 예로 들고 이 무슨

'성급한 일반화'의 오류냐, 비난하고 싶은 분들도 있겠지만, 지면이 모자라 두 명으로 그친 예 '들' 임을 우리는 이미 알고 있는바 아니던가. 요즘 신문지상에서 떠들썩한 교회나 목회자 이야기들을 굳이 다시 들먹이고 싶지는 않다.

왜 이리 되었을까? 무엇이 문제였을까? 물론 과거 교회는 '이상적'이었고 현재의 교회는 '문제적'이라는 단순화는 아니다. 분명 과거 교회의 모습에도 반성할 내용들이 있었을 터이고, 현재의 교회 역시 뜯어보면 신통하고 모범적인 실천이 드물지 않을 것임을 인정한다. 다만 교회 밖 시선의 전반적 정서가 '기독교'를 '개독교'로, '목사'를 '먹사'로 희화하고 비난하며 조롱하게 된 근본적인 까닭을 곰곰이, 찬찬히 따져 묻고자 함이다. 비판과 비난 일색으로 그치자 함은 물론 아니다. 어찌하면 '교회'가 이 땅에 이루어질 하나님 나라의 질서와 살림살이를 가장 근접하게 닮은, 그런 아름다운 공동체일 수 있을지… 궁극적으로는 그런 건설적인 고민을 함께 해 보고자 한다.

'교회'의 현재를 반성적으로 성찰하고 '교회'의 미래를 건설적으로 모색하기! 이러한 과제를 수행함에 있어 접근 방법은 사람마다 다양할 수 있을 것이다. 서술 방식 역시 사람 따라 취향 따라 천차만별일

일이다. 다만 난 현재 세상이 부여하는 교회의 이름 '들' 에서 시작하고 싶다. 필시 부정적일 그 이름들에서 말이다. 만약 세상이 지금의 교회를 '부자들의 회합' 이라 부른다면 우리의 어떤 모습들이 그런 이름으로 불리게 만들었는지, 과연 우리는 그런 이름으로 불릴 만큼의 모습인지, 교회가 '예수 그리스도의 이름' 으로 모인 공동체일진대 우리의 현재 그 '이름' 은 '예수 그리스도의 이름' 에 부합된 이름인 것인지. 만약 아니라면 어떤 이름이 '예수 그리스도의 이름' 으로 모인 모습일런지. 우리가 처한 지금 이 자리에서 세상의 소리에 귀기울이면서 우리 자신을 되돌아보고 종국에는 예수 그리스도의 가르침으로 돌아가는 방식으로, 그렇게 하나씩 오늘날의 '교회' 를 진단하고 전망하고자 한다. 내 삶의 기반, 그리고 내 애정의 대상, 그리고 실은 나를 포함하여 그리스도의 이름으로 모인 사람들의 이름인 '교회' 를….

1부 교회는 …이다

세상 밖으로 나가는 교회

아이의 하교 시간에 맞추어 발걸음을 서두는 퇴근 길, 집으로 가려면 꼭 거쳐야 하는 외딴 길목이 있다. 그 길로 접어들 때면 애써 태연한 척하면서도 어느덧 내 심장은 뛴다. '오늘도 있겠지?' 아, 예상대로다. 남자 한 분 여자 두 분. 나의 교회 관련 내공으로 어림짐작하건대 남자 분은 이 구역을 담당한 목사님임에 틀림없다. 여자들은 집사님이신 것 같다.

목소리가 들릴 정도의 근접거리가 될 무렵이면 두 분 집사님은 여지없이 종이컵을 준비한다. 더운 여름철에는 냉커피나 주스이고 요즘처럼 추운 겨울철에는 따뜻한 커피 혹은 녹차다. "교회… 다니세요?" 그 물음을 들었던 첫날은 아주 공손하고 친절하게 반달 눈웃음까지 건네며 답했다. "네. 다녀요. 더운데 고생들이 많으세요!"

그런데 한 달이 가고 두 달이 가고, 이제는 서로 얼굴을 익힐 때도 되었겠건만, 퇴근길에 마주치는 이분들은 여전히 같은 질문이다. "교회… 다니세요?" "네. 다닙니다." "저는 크리스천입니다." "아멘~." "할렐루야~." 똑같은 대답을 하기가 너무 질려서 나름 다양한 대답들을 준비했다.

그러기를 여름 나고 가을, 이젠 겨울이 왔다. 더는 못 참겠다. 역시나 같은 질문을 하는 분들께 이번에는 내가 되물었다. 필시 여름철 건넸던 반달눈은 이미 도끼눈이 되어 있었을 터이다. "아니, 교회 다닌다고 하는데, 왜 자꾸 물으세요?" 그러자 드디어 이분들의 본심이 나온다. "어느 교회, 다니세요?" 그 질문만은 나오지 않기를 바라고 바랐는데… 그러나 어쩌랴? 내가 우려한 대로 다음 이야기들마저 예상했던 바였다. "우리는 **교회 신도들인데, 당회장 목사님 말씀이 너무 은혜로워요. 우리 교회 한 번 와 보세요." "그럼 저보고 다니던 교회 그만 다니고 **교회 다니라고요?" 다분히 공격적인 어조로 묻는 나에게 보내는 여집사님들의 천사 같은 눈웃음은 이미 답을 가지고 있었다. 그 모습에 전의를 상실하고 가벼운 목례 후 지나치려는 나에게 이분들은 상냥한 목소리로 확인 사살까지 하신다. "**교회예요. 잊지 마세요!" 아아, 어쩌면 좋아. 노상 전도도 받은 은사이면 굳이 말릴 생각은 없다. 그러나 교회 잘 다니고 있는 사람을 빼내어 가려고 그리 열심을 내는 것은 절대로 예수의 지상명령과는 거리가 먼 일이지 않은가. 그 교회 목사님의 설교가 얼마나 은혜로운지, 그 설교의 내공이 우리 교회 목사님과 비교하여 어느 분이 더 깊은지 그런 것을 묻자는 것이 아니다. '우리 교회'로 모아야 하고 '우리 교회'가 커져야 한다는 그 좁아터진 집단 이기심에 마음이 아팠다.

하긴 이기심으로 말하자면 신도 개인의 이기심도 만만치 않다. 바로 얼마 전 크리스마스 시즌에 있었던 일이다. 내가 다니는 교회에서 인근 아동복지시설들과 연계하여 도시 빈민 어린이들이 원하는 선물을 하나씩 준비하는 행사를 마련했다. 성탄트리에 달린 아이들의 선물 목록을 신자들이 하나씩 따서 그 안에 적힌 선물을 사 예쁘게 포장해 교회에 가져오면 되는 거였다. 포장을 풀며 기뻐할 아이의 얼굴을 떠올리며, 나 역시 최대한 요구사항에 근접한 선물을 사느라 신경을 썼다. 나는 하필 한참 예민할 연령대인 중학생 소녀의 '갈색 스웨터'를 사야했기에, 학기말 정신없는 일정 짬짬이 여학생들이 좋아할 만한 옷가게를 무수히 뒤졌다. 갈색! 참 애매했다. 십대 소녀들이 선호할 색깔이 아니었기에 고르기가 만만치 않았다. 색깔이 맞으면 디자인이 너무 노숙하고 소녀 취향의 디자인은 주로 밝은 색깔이었다. 마땅한 것이 없어 발품을 팔다 어느 날, 내게 딸이 있었다면 꼭 입히고 싶었을, 그리고 아마도 중2 여학생이라면 즐겁게 입으리라 확신이 드는 '갈색 스웨터'를 마침내 발견했다! 어찌나 기뻤던지. 포장까지 마치고 난 토요일 저녁에는 내가 다 설레었다.

그런데 마감 주일 이틀 전, 같은 교회에 다니는 한 엄마의 전화를 받았다. 아이들이 같은 학년이라 왕래가 잦은 가정이다. 바빠서 도저히 선물을 사러 갈 시간이 없으니 자기 아이가 뽑아 온 선물 목록을 대신 사달라는 부탁이었다. 너무나 미안해하며 부탁하는 그분께 흔쾌히 그러겠노라 대답을 했다. 유난히 선량한 마음이어서도 아니고 신앙심이 남다른 까닭도 아니었다. 일대일 선물이니 그 선물을 준비하지 않으면 쪽지를 써낸 아이의 선물이 없을지도 모르는 일 아닌가? 더구나 함께 뽑은 덕분에 그 선물 목록을 아는 나로서는 초등학교 4학년 남자 어린이가 '조립식 로봇 만들기 세트'를 받지 못해 실망할 얼굴이 얼른 떠올랐다. 하여 난 그리 전화해 준 그분이 오히려 고맙던 차였다. 그런데 그만 전화를 끊으며 하신 그분의 마지막 말에 맥이 탁 풀려 버렸다. "그래야 우리 **이도 복을 받죠. 꼭 부탁해요!"

　　아… 그러니까 선물을 준비하는 이유는 받는 상대에게 있었던 게 아니다. 교회에서 하는 선행에 참여함으로써 내 아이가 복받게 함이었던 거다. 행여 교회가 부과한 선행을 수행하지 못해 내 아이에게 돌아갈 몫의 복이 사라지면 어쩌나, 그게 걱정이 되어 그 엄마는 다급하게 수화기를 드셨던 거다. 인격적으로 선하고 좋은 분이기에, 아니 실은 계속 만나야 하는 관계라서 나는 끝내 입바른 소리를 하지 못하고 전화기를 내려놓았다. 하지만 내 마음 속에서는 못다 한 말들이 터져 나왔다. 아니다. 틀렸다. 교회는 내 복이 아니라 '네' 복을 빌어 주는 이름이기 때문이다. 교회는 크리스마스 자선행사에 참여함으로 내가 복받는 그런 곳이 아니고, 그 선물을 받고 기뻐할 그 아이의 복을 빌어 주며 그렇게 '복의 근원'으로 살아가고자 하는 사람들의 모임이기 때문이다.

교회를 뜻하는 성서 단어 '에클레시아'(ekklesia)의 뜻이 그러하다. '밖으로 불리워져 나온 [하나님의] 사람들!' 그게 교회다. 교회는, 입맛 따라 골라 가며 내 영혼이 살찌기 위해 더 좋은 말씀을 들으러 가는 곳이 아니요, 나의 선행을 이유 삼아 하나님께 복을 받으러 가는 곳은 더더욱 아니다. 세상을 향한 하나님의 뜻, 지으신 생명 모두가 '복'되게 살기 원하시는 그 뜻을 세상에 실현하기 위해, 하루하루를 예배처럼 살아가는 이름이 '교회'다.

물론 신자들 사이의 거룩한 친교 역시 중요한 부분이기에 '모이는 교회'의 기능도 무시하면 안 되겠으나, 그럼에도 교회의 교회됨은 오히려 '흩어짐'에 있다고 믿는다. 하나님의 뜻을 온전히 따르셨던 예수 그리스도! 그분을 모범삼아 그 삶을 본받으며 살아가는 사람들의 이름이 교회다. 때문에 교회는 '우리 교회 등록교인'을 의미하지 않는다. 성서를 보라! 예수님의 공생애 동안 그분이 사람들을 성전과 회당에 끌어 모으려 애쓰셨는지. 그분의 '하나님 나라' 비유와 치유 사역은 길거리에서, 보통 사람들의 일상에서, 삶의 현장에서 이루어졌다.

"누구든지 내 이름으로 모인 두세 사람이 있는 곳에 함께 하겠다" 하셨던 예수님의 말씀을 기억해야 한다. 그 이름은 '우리 교회'라는 편협하고 배타적인 공동체 의식으로 경계를 만드는 이름이 아니요, '나만' '우리만' 축복받고 번영을 누릴 수 있게 보장해 주는 그런 이름도 아니다. 어쩌다 보니 세상의 성공과 물질적 부(富)가 마치 하나님의 축복인양 그리 해석되는 풍조를 맞이하여 이리 왜곡되었지만, 예수 그리스도의 이름으로 모인 두세 사람은 결코 자기 확장에 관심을 가지는 공동체일 리 없다. 예수님이 누구신가? 인류의 복의 근원이 되고자 자기를 버리신 분 아니신가? 그런 이름으로 모여 '우리끼리' '우리만'을 외치는 일이 어찌 가능할까? 교회는 조직도 아니요 건물도 아니다. 그리스도의 이름으로 모인 사람들이다. 산 신앙을 가진 신도들의 이름이다. 그들이 세상 '밖으로' 나가 복의 근원이 되는 일상을 거룩하게 살아갈 때, 교회는 하나님이 기뻐하시는 모습으로 세상 안에서 세상과 더불어 비로소 존재하는 것이다.

그칠 줄 아는 교회

어제 오늘 일은 아니지만 요즘 들어 부쩍 대형 교회 목회자들의 부적절한 언행으로 세상이 시끄럽다. 대지진과 쓰나미로 숱한 생명이 스러지고 졸지에 이재민이 되어 고통받고 있는 이웃 나라를 향해 '하나님의 진노' 운운하지를 않나, 출산은커녕 연애와 결혼도 힘들다는 '삼포' 세대의 고통은 아랑곳 않고 '아이 다섯 안 나면 감옥 가는 법안'을 만들자고 하지를 않나. 이런 목사님들 덕에 교회는 심심찮게 네티즌들의 비난의 표적이 된다. 천문학적 숫자로 달리는 댓글들을 읽다 보면 마음이 심란해진다. 언젠가는 그 무수한 댓글들 중 '목사님, 당신은 진정한 기독교의 안티입니다'라고 쓰인 한 문장에 그만 빵 터져 버렸다. 그렇지, 안티가 아니고서야 어찌 그런 발언과 그런 행동이 가능했겠나!

인터넷으로 설교 접근성이 쉬워지고, 뉴스 기사도 거의 실시간으로 확인하는 시절이다 보니 개별 목회자의 문제성 발언이나 행동은 금세 세간의 이슈가 된다. 사실 한두 목회자가 어쩌다 저지른 실수야, 떼로 달려들어 기독교 전체를 비난하는 네티즌들이 너무하다 하며 마음만 상하면 될 일이다. 목사도 사람인데 어찌 완벽하랴! 그러나 목사직 세습에 관한 기사는 개별 사건이 아니다. 많은 교회가 겪는 문제다. 적어도 한국 교회가 진정 교회이기 위해서는 진지하게 고민해 보아야 하는 큰 문제다.

교회 성장에 지대한 역할을 했던 초대 담임 목회자가 은퇴할 즈음에 받는 유혹인즉, '내가 이리 애써 일군 것을 어찌 다 놓고 가나' 하는 마음이 들기 마련이다. 내 아들에게, 내 사위에게, 아니면 어떻게든 연결되는 내 일가친척에게 물려주고(?) 싶은 충동, 혹은 은퇴 후 어떤 방식으로든 교회 행정 일반에 관여하고 싶은 충동은 인간이라면 참기 힘든 강력한 유혹이다.

물론 유혹받는 대로 모두가 다 실천에 옮기지는 않겠지만, 새로 부임한 교역자 사무실 옆에다 원로 목사의 사무실을 마련했다는 이야기들을 종종 듣는다. 대개는 '목사님이 그만 두시면 우리 교회는 어찌 되냐'며 앓는 소리로 원로 목사의 충동에 부채질을 하는 교회 임원들과 성도들이 크게 한몫을 한다. 결국 일이 이리되면, 원로 목사와 교회 사이에 거의 '부목사'의 역할을 하는 새로운 담임 목회자가 하나 더 생긴 형국이 된다. 다행히 새로운 담임 목회자가 눈치 빠르고 살갑게 원로 목사님의 뜻을 잘 받들어 준다면야 일단 밖에서 보기에 무리 없이 굴러가겠지만, 새 담임 목회자라고 어찌 목회철학이 없고 소신이 없겠는가? 해서 이런 전환기의 교회는 늘 시끄러운 법이고, 대중매체의 촉각이 주로 대형 교회에 몰리다 보니 결국 밖으로 크게 터지는 것은 언제나 '서울의 모 대형 교회'의 사례가 되고 만다.

요즘이 어떤 세상인가? 중세 신분제 사회도 아니고, 이제는 회사조차도 창립자가 떳떳하게 아들에게 사장 자리를 물려주기 힘든 구조로 변해 간다. 이런 마당에 왕도 아니요 세습 무당도 아닌데, 아버지가 목회자였던 교회를 어찌 고스란히 아들에게 물릴 생각을 하는 걸까? 요즘 사는 세상의 대세가 그러하니 교회도 세습을 조심해야 한다는 말이 아니다. 설사 세상의 모두 조직이 세습을 정당하다 여기고 떳떳이 실천해도, 마지막까지 이를 '악'이라 선포해야 하는 것이 교회다. 인간 권력의 영속화를 모색하는 그 모든 시도들과 맞짱을 떠야 하는 이름이 교회다. 교회가 유일한 하나님의 말씀으로 섬기는 성경적 가르침의 진수가 바로 그러하기 때문이다.

이스라엘의 출발이 어떠했던가? 고대 근동의 수많은 고대제국들이 왕권을 신성시하고 사제집단이 신의 이름을 '망령되이' 일컫는 모습을 혐

오하며 '대조(對照)사회'를 이루려 했던 민족이었다. 공동체가 유지되기 위해서 어쩔 수 없이 지도자가 필요한 일이나, 인간들의 편견 어린 눈과 욕심 가득 찬 마음으로 지도자를 고르지 않은 사람들이었다. 하나님께서 영(靈)의 눈으로 선택하신 사사들이, 그것도 하나님의 영이 그들과 함께 하는 동안만 통치권을 허락받는 그런 살림살이를 이어 간 사람들이 처음의 이스라엘이었다. 사사들이야 오고 가는 지도자지만, 언제나 한결같이 그들을 쓰시면서 이스라엘을 지키시는 이는 오직 한 분 왕 되신 여호와라는 것이 이들의 신앙 고백이었다. 때문에 이들에게 지도력의 세습은 인간의 힘을 영속화시키려는 욕망을 의미하기에 '악'이요, '불신앙'이었다.

사실 하나님의 영이 지도자를 세워야만 공동체의 유지와 방어가 가능한 제도적 삶은 믿음 약한 눈으로 보면 불안하기 그지없다. 실제로 이스라엘이 하나님의 법에서 멀고 가나안적인 악행을 행할 때면 여호와는 사사를 세우지 않았다고, 성서는 기록한다. 그런 경우면 여지없이 이방 민족의 침략에 호되게 당해 온 이스라엘이었다. 그래서였을 거다. 기드온이 나가는 족족 전쟁에서 승리하자 믿음 약한 이스라엘 대중은 소리 높여 그에게 청했다.

"당신이 우리를 미디안의 손에서 구원하셨으니 당신과 당신의 아들과 당신의 손자가 우리를 다스리소서"(삿 8:22)

그러나 기드온은 그들에게 대답했다.

"내가 너희를 다스리지 아니하겠고 나의 아들도 너희를 다스리지 아
니할 것이요 여호와께서 너희를 다스리시리라"(삿 8:23)

그러니까 사사 시절부터 믿음의 공동체가 직면했던 유혹이었던 게다.
하나님의 법을 따라 성실하고 진심 어린 삶을 살아간다면 어련히 알아
서 새로운 지도자를 세워 주실까! 그런데도 내내 못미더워 기어이 왕을
세웠던 이스라엘이었다. 사실 이스라엘 온 백성이 입을 모아 자신을 그
리 칭송하며 아들에 손자로 이어 가며 다스려 달라 청하는 말을 듣는 것
은 기드온에게도 꽤나 큰 유혹이었을 거다. 대중이 원하지 않나 말이다.
그 와중에도 "너희를 다스리시는 이는 오직 여호와시다"라고 대답한 기
드온은 신앙의 사람이었다.

그럼에도 공동체의 와해가 불안하여 울부짖는 이스라엘의 요구는 멈
추지 않았고, 이에 실망하고 분노하던 이스라엘의 마지막 사사 사무엘
에게 여호와는 이리 말씀하셨다.

"백성이 네게 한 말을 다 들으라 이는 그들이 너를 버림이 아니요 나
를 버려 자기들의 왕이 되지 못하게 함이니라 내가 그들을 애굽에서
인도하여 낸 날부터 오늘까지 그들이 모든 행사로 나를 버리고 다른

　사실 이스라엘 신앙 고백의 핵심이 있다면 그건 '야훼왕' 사상이다. 그 어떤 인간도 영구적이고 완전한 지도자가 될 수 없다는, 오직 여호와만이 우리의 영원하시고 완전한 인도자 되신다는 사상이다. 하나님의 영은 언제나 임시적으로, 그리고 사역하는 이가 사명을 감당하는 동안에만 그와 머무신다고 고백했다. 고대 근동 도시국가들의 주변부에서 '유리방황' 하고 '종살이' 하던 이스라엘인이다 보니, 이들은 인간의 제도나 권력이 영속화되는 것이 얼마나 인간 억압적인가를 몸소 경험했던 바였다. 자신을 신이라 부르며 백성 위에, 노예들 위에 군림했던 이집트의 파라오들, 그들의 허영을 채워 줄 궁전과 이교도의 성전과 신상을 짓느라 자유를 빼앗겼던 이스라엘 사람들이었기에, 신앙 고백 위에 새로운 공동체를 세우면서 이스라엘이 가장 강력하게 주장한 것은 바로 '인간은 인간 위에 군림할 수 없다' 는 선언이었다. 무엇보다 그 힘의 영속성을 추구하는 것은 인간 교만의 극치라는 것이 이들의 신앙 고백이었다.

　물론 교회의 시작이야 예수 이후의 사건이지만, 그 원형적 모습은 이스라엘 공동체의 신앙 고백적 삶 가운데 이미 드러나 있었다고 본다. 그러하였기에 초대 교회는 은사에 따라 나누어진 기능적 다양성은 있으되 위계적 성직 구조는 가지지 않았다. 이스라엘이 '야훼왕 사상' 만 붙잡은 평등주의를 주장했듯이, 초대 교회는 '예수 그리스도' 만 중심에

놓은 평등 공동체를 지향하고 실천했다. 그런데 문제는 언제나 덩어리가 커지면서 도래하는 유혹이다. 큰 조직을 유지하려니 어쩔 수 없이 생겨나는 것이 인간의 위계화다. 조직이 와해되지 않고 혼란을 피하는 가장 효율적인 방법은 의사 결정의 최종권을 가지는 한 사람의 지도자를 세우는 것이기 때문이다. 그리 세워 놓은 교황권의 결과를 우리는 기독교 역사를 통해 너무나 잘 알지 않던가!

개신교는 그나마 '오직 믿음으로만!'을 외치며 인간 권력의 신격화를 '프로테스트'(protest) 했노라 자부했었는데, 이게 웬일인가! 자신도 멈출 줄을 모르고, 심지어 대를 물려가며 멈출 줄을 모르다니. 다른 사람은 안 되고 나, 내 아들, 내 사위, 내 가족이어야 한다는 고집은 결국 '자기의 확장'이다. 내 힘을, 내 영향력을, 내 세력을 영속화하겠다는 불신앙의 표현이다. 내가 해야 더 잘할 수 있고 완전한 교회를 만들 수 있다는 믿음은 교만이요 허영이다. 더구나 많은 신도들이 이를 원한다는 것이 이 '그칠 줄 모르는 자기 확장'의 이유와 근거가 된다면 이는 교회의 실패이다. 교회는 인간적 지도력에 의해 유지되는 공동체의 이름이 아니기 때문이다. 이 땅의 어느 교회의 이름도 결코 '완전'이 될 수 없음은 그것이 인간들의 공동체이기 때문이다. 임시성! 교회의 목회자도, 그리고 승승장구 성장을 자랑하며 뽐내는 교회 공동체도 결국 인정해야 하는 신앙 고백은 그들의 시도가 이 땅에서는 오직 임시성을 가진다는 것뿐이다. 그칠 줄 아는 교회가 참된 교회다.

성령으로 평등한 교회

학위를 마치고 막 귀국했을 때의 일이다. 집에서 가
장 가까운 교회에 등록을 했다. 직분 쓰는 칸을 보고 한참 고민을 하다
그냥 빈칸으로 남겼다. 미국에서 목사 안수 과정을 밟고 있던 중이었는
데 가정사의 이러저러한 일들로 인해 중간에 잠시 멈춘 상태였다. 구구
절절 그 사연을 다 적을 수도 없고 그렇다고 마음대로 아무 직분이나 골
라 적기도 마음이 불편했다. 하여 직분을 쓰지 않고 그냥 제출했던 거
다. 그랬더니 곧 바로 구역 여전도사님의 전화가 걸려왔다. 다음 주부터
새신자반에 등록하여 성경공부를 해야 한다는 것이었다. 하기 힘들다는
의사를 전했다. 신학박사요 목사 안수 후보라서 떠는 거만은 아니었다.
사실 아이가 어려서 아직 엄마를 안 떨어지는 덕분에 안수 과정도 잠시
멈춘 마당이었는데, 새신자 성경공부 하자고 또 다시 우는 애를 어디엔
가 떼어 놓아야만 하겠는가? 그것도 한국 오자마자 낯설어 더욱 매달리

는 아이였다. 하여 "모태신앙이고 새신자가 아니며 성경을 많이 공부해서 기본 내용과 교리는 잘 알고 있노라"고만 말씀드렸다.

그러나 여전도사님은 막무가내셨다. 싸울 수도 없는 노릇이라 결국은 아이를 데리고 새신자 성경공부반을 들어갔다. 가서 보니 더더욱 안타까웠다. 이사를 오는 바람에 등록을 새로 했다는 장로님부터, 교회는 새로 나왔지만 미션 스쿨을 다니는 동안 성경에 흥미를 가지고 오래토록 공부했다는 평신도까지 구성원의 넓고 깊은 성경적 지식은 안타깝게도 강의를 인도하시는 목사님의 지적·신앙적 깊이를 훌쩍 넘어 있었다. 그런 것이 눈에 보이지 않으시는지, 목사님은 〈새신자용 교재〉대로 가르치며 초등학생처럼 자꾸 따라 하라고 종용하셨다. 간혹 같은 본문에 대해 다른 이해를 나누려 시도하는 새신자는 바로 제제를 받았다. '다른 답'을 허용치 않으시는 거다.

한두 번 겪는 일도 아니고 그저 한 귀로는 목사님의 말씀을 들으며 아이가 지루할까 봐 색칠놀이를 함께 해 주고 있자니 대놓고 핀잔까지 주신다. "거기, 여성도님! 아무리 처음이라지만 중요한 교리공부 시간에 지금 뭐하시는 겁니까? 아무것도 모르면서 우리 교회 교인입네, 나중에 이러면 정말 창피합니다." 교회에서 나고 자란 나인데 이만 일로 발끈할 내공은 아니었기에 얼른 웃으며 사과를 드렸건만, 목사님은 몇 강의가 진행되는 동안 여러 사람으로부터 느끼셨던 무언의 '무시'(?) 혹은

'냉담함'의 화를 온통 나에게 쏟아 부으셨다. 아무래도 '만만한'(적어도 만만해 보이는) 아줌마가 아닌가! 나이도 그다지 많지 않아 보이는 분이 이런저런 훈계를 한참 하시더니 급기야 '새신자 시절부터 목사님의 말씀을 하나님의 말씀처럼 듣는 훈련'을 해야 말썽 피우지 않는 성도, 하나님이 기뻐하시는 성도가 된다는 말까지 하기에 이르렀다.

거기서 발끈한 거다. 둥글둥글 편안한 얼굴에 평소 잘 웃는 습관 덕분에 대부분의 사람들이 만만하게 보지만, 아니다 싶으면 물불 안 가리는 나다. 나이 많은 장로님도 무시하고, 성경 이해가 깊은 평신도도 꾸짖으며 하나님의 진리를 온통 자신만 소유한 양, 성서 해석의 최종 권리는 오직 자신에게만 있는 양 그리 군림하던 목사님 '까지는' 참고 또 참았다. 하지만 '목사의 말은 곧 하나님의 말'이라는 말에 나는 마치 벼르기라도 한 사람처럼 목사님을 향해 날을 세웠다.

"목사님, 성경의 핵심을 한 마디로 말하면 무엇인지 아십니까?" 완전 아줌마 복장에 아이랑 색칠놀이하던 여신도에게서 전혀 뜻밖의 '공격'을 받자 목사님은 매우 당황하셨다. 본의 아니게 그 자리에서 신학 특강을 하고야 말았다. 무엇보다 기독교인의 핵심 신앙은 하나님의 절대 자리에 그 어느 것도 올려놓으면 안 되는 '초월 신앙'이기에 교황도, 목사도, 세속 권력자도, 자신의 권위를 정당화하기 위해 하나님의 이름을 망령되게 일컬을 수 없음을 강조하였다. 아울러 초월의 하나님이 자신의 모든 '아이들'에게 보내 주신 예수 그리스도와 성령의 현존으로 인해 모든 신자는 '거룩'과 '초월'을 평등하게 대면하고 이해하고 나눌 수 있음을 말했다.

그날 이후 새신자 성경공부반을 마치려면 아직도 3주나 더 남았는데, 담임 목사님이 부르셨다. 몰라봐서 죄송하시단다. 뭘? 묻기도 전에 얼른 하시는 제안인즉 이제 더 이상 새신자 성경공부는 안 해도 된다며 교회에서는 '편의상 집사'로 부르자고 하신다. 집사면 집사이지 '편의상 집사'는 무엇인가? 그리고 무언가 직분을 제대로 소개해야 한다면 난 엄연히 집사가 아니다. 그런 직분을 받은 바 없기 때문이다. 그러나 목사님의 변은 그래야 아주 무난하게 교회를 다닐 수 있다는 거였다. 누구를 가르칠 필요도 없고, 누구에게 가르침을 받을 필요도 없는, 이미 교회가 요구하는 주요한 신앙 학습은 마쳤으니 지도할 필요가 없는 사람으로 간주된다는 것이다. 목사님의 걱정이 읽혔다. 괜히 신학박사입네, 교수입네, 목사 후보입네 하면서 돌아다니면 이 사람 저 사람 신앙적인 고민이나 질문들을 해 올 수도 있을 터. 행여 강단에서 선포되고 교회교육에서 가르치는 내용과 다른 소리를 해 대면 그건 참 곤란한 일 아니겠나?

교회를 휘저을 의도는 전혀 없었지만 '편의상 집사'이기도 싫었던 나는 조용히 그 교회를 나왔고 한동안 등록을 하지 않은 채로 다른 지역 교회를 조용히 다녔다. 옮긴 교회에서도 이전 직분과 상관없이 새로 등록한 교인들은 모두 새신자반에 들어가야 한다는 말에 그리했다. 새롭게 신앙을 점검하고 공동체의 핵심적 가치들을 공유하기 위함이라는데, 조직 운영의 차원에서는 인정하게 되는 바이지만 또 다시 대면할지도 모를 목회자의 권위적이고 선언적인 말들이 두려워, 아니 사실은 그걸 대면하고 담담할 수 없는 내 신앙 양심과 성질(?)이 두려워 등록을 포기했다. 지금은 몸담고 있는 대학의 교회에서 청년들을 인도하고 있지만 험난했던 나의 교회 정착기는 그렇게 홍역을 앓았다.

사실 교회에서 직분의 서열은 필요한 일이다. 예수님의 부활 승천 이후 곧 도래할 줄 알았던 재림이 지연되던 시절의 이야기다. 카리스마 넘치는 지도력과 메시지로 공동체의 구심점이 되었던 스승 예수님이 없는 마당에 제자들은 무언가 인간적인 제도를 강구해야만 했다. 더구나 성령 강림 이후 힘 있어진 제자들의 말씀 선포 덕분에 크리스천의 무리가 자꾸 늘어나는 마당이었다.

성령 강림 후 베드로의 한 번 설교에 삼천 명이 회심을 했다는데, 제자가 어디 베드로 한 명뿐이었나? 오순절 다락방에서 성령을 체험한 제자들의 수가 백이십여 명이었다. 하루만 전도하고 말았을 일도 아니다.

기하급수적으로 늘어나는 교회 공동체를 유지하자니 필연적으로 직분의 서열이 필요했을 일이다.

구제물을 나누는 과정에서 유대 과부와 헬라 과부의 형평성 문제로 일이 시끄럽자 말씀 전파에 열중하기 힘들었던 사도들이 신앙심 깊고 덕망 있는 사람들 중에 일곱 집사를 세운 것이 직분의 시초였다. 사도행전에 기록된 첫 순교자 스데반도 그중 하나였다. 하여 설교와 교회 행정 사이에 최초의 직분 분업이 이루어진 셈이다. 그러나 그 분업은 위계적이라기보다는 영역의 구분이었다. 효율성을 위한 장치였다는 말이다. 그 어느 누구도 메시지를 독점하지 않았으며 그리스도인이라면 누구나 말씀을 전하고 주를 따르기로 결단하는 사람에게 세례를 베풀 수 있었다. 사실 그 놀라운 권위는 예수로부터 이미 주어진 것이었다. 자신을 하나님의 '아들'이라 관계 설정했던 예수는 모든 인간이 하나님의 영을 받을 수 있고 성령 안에서 하나님의 능력에 잇대어 살아가는 '하나님의 자녀들'이라 선포하셨기 때문이다. 행정을 담당한 집사라 해서 말씀 선포의 권위가 주어지지 않았던 것도 아니었다. 스데반이 순교 직전 행했던 것은 구제물 분배가 아니라 말씀 선포였지 않았나!

그런데 세대를 거치고 세기를 지나면서, 더구나 로마 제국의 종교로 승승장구 몸뚱이를 불려나가는 동안 교회는 배우면 안 될 세상의 습속을 배워 버렸다. 파라오를, 시이저를 신의 아들이라 부르며 특정한 계층, 특정한 직분의 사람들에게만 권위와 힘을 인정하는 위계적인 신분제 구조가 제도교회 안에서 재현되었다. 제국의 습속이요 소수의 통치자들이 즐겨 사용한 부정의한 제도이건만, 교회는 사제와 추기경을 세우고 교황을 세우면서 심지어 성직자들 간에도 위계적 구조를 견고하게 만들어 갔다. 오죽했으면 중세의 어느 교황은 자신이 '그리스도의 대리자'요 '모든 왕들의 왕'이라고까지 선언했을까?

'그거 아니다' 프로테스트하며 등장했던 개신교라고 나은 모양새는 아니었다. 가톨릭에 한 사람의 군림자가 있다면, 개신교에는 개교회마다 하나씩 있는 형국이 되어 버렸다. 때론 거룩함의 서열대로 쭉 줄지워져 아래라 여겨지는 사람들에게 지적·신앙적 절대 권력을 행사하려 든다. 성령님은 한 분이시며 그분은 믿는 자 모두에게 평등하게 역사하시는데, 어찌 신앙적 깊이가 직분의 위계를 따라 나누어지랴. 엄한 교회에서 개인적으로 기분 상할 일을 당해서 홧김에 하는 소리가 아니다. 사실 요즘에 와서 새로이 겪는 일도 아니다. 위계적 직분이 확립된 이래 고스란히 패키지로 들어온 한국의 개신교를 향해 이미 1920년대에 춘원 이광수는 날선 비판을 한 바 있다. "기껏 유교의 독재를 벗어났는데 새로이 독재자를 만난 기분"('금일 조선 야소교회의 결점')이라고 말이다.

조직의 운영을 위하여 직분은 필요악이다. 그렇다. 필요 '악'이다. 선한 것이 아니다. 예수 그리스도의 십자가 아래 그 모든 위계와 배제, 선입견이 무너진다고 고백하는 교회 공동체는 어쩌면 아슬아슬한 줄타기를 하는 모순적 위치에 처해 있는지도 모른다. 그 덩치로 인해 어쩔 수 없이 택한 직분을 유지하면서도, 그러나 거룩함을 위계화하지 않으려는 줄타기 말이다. 그러나 교회는 언제나 잊지 말아야 한다. 진정한 교회는 모든 신자에게 역사하실 거룩한 성령의 평등성을 인정하는 공동체이어야 한다는 것을….

성 성sexuality을 긍정하는 교회

민망해 죽겠다. '돈이 된다'는 이유에서 가장 말초
적인 욕망을 자극하는 세상의 작태야 더 말할 것도 없이 한심한 지경이
다. 그러나 어찌 교회이고 목회자이고 그리스도인이란 말인가! 실화를
바탕으로 한 영화 〈도가니〉 열풍 때도 그렇더니, 기사로 툭툭 터져 나오
는 목회자들의 성 관련 문제들이 등장할 때마다 사람 만나기가 무섭다.
어디를 가든 성희롱·성추행·성폭력 목사나 장로의 이야기로 열을 내는
사람들을 만나게 되니 말이다. 부흥집회를 하는 곳마다 '현지처' 여집
사님을 두고 있다는 유명 부흥사의 이야기부터 여성을 대상화·비하하
는 성적 언사를 '특강의 기술'인양 빈번히 구사한다는 어느 목회자의
이야기, 청년 목회에 탁월한 은사를 가진 한 스타 목회자의 스캔들까지,
어디서 들었거나 본인이 아는 이야기들을 죄다 꺼내 놓는다. 그러다 내
배경을 아는 지인들이 "정말 그래요?" 되물으며 바라볼 때면 차마 눈을

마주치기가 힘겹다.

　인격이 덜 되고 신앙의 깊이가 얕은 몇몇 예외적 인사들의 행보이니 이는 교회의 근본적인 문제가 아니라고, 그들에게도 자신 있게 말하고 나도 위로삼고 싶은 것이 솔직한 심정이다. 그러나 아닌 걸 어쩌나. 겉으로는 성스럽게 행동하며 뒤로는 음란한 그들의 이중성은 교회가 그동안 가져왔던 분열된 삶의 형태를 고스란히 반영하기 때문이다. 물론 모든 목회자나 모든 그리스도인들이 성일탈자라는 이야기가 아니다. 교회의 오랜 가르침 중 건전하고 바른 성 이해와 성 실천을 가로막는 무언가가 있어 왔다는 말이다. 하니, 이리 떠들썩한 마당에 유난히 금욕을 강조하는 집단인 교회의 왜곡된 이면을 직시하고 바로잡았으면 한다.

　가장 근본적인 문제는 기독교 전통 속에 오래토록 뿌리내려온 '영육 이원론'이다. 예수께서 단 한 번도 인간의 육신을 더럽다 혹은 사악하다 하신 바 없건만, 교회는 '영혼'과 '육체'를 이항대립적으로 바라보는 헬라문화권에서 신앙 고백 체계를 형성하다 그리되었다. 물론 영지주의적 인간 이해로부터 기독교 교리를 수호하고자 많은 사도들과 교부들이 '몸을 입고 오신 예수'의 중요성을 강조하며 창조된 선함으로서의 인간의 몸을 강조한 것도 사실이다. 그러나 그들조차 신앙 고백적 은유를 사용할 때에는 '영적 추구'를 이상화하곤 했다. 사도 바울이 영지주의로부터 영향을 받았는가에 대하여 성서신학자가 아닌 내가 결론을 내릴 입장은 되지 못하니 말을 삼가야 하겠으나, 적어도 바울의 저작으로 알려진 서신들을 읽다 보면 당시 영지주의적 문서들에서 빈번히 발견되는 은유나 우주관이 선명히 드러난다. 무엇보다 사도 바울에게서 가장 중요한 실재는 '부활하신 그리스도'이었으니 '영적 스승'이나 '내적 신성'의 안내를 받아 보다 영적인 존재로 상승해 간다는 당시 헬라철학적 인간관에서 유용한 표현 방법들을 찾았을 가능성이 크다. 바울은 헬라철학에 능한 지식인이었지 않나? 비록 헬라철학의 공허함과 제한성을 지적한 바울이었지만, 그의 서신들에서 '영적인 존재'로 승화해 가는 신앙인의 모습은 언제나 세상적인 것, 타락한 것, 음란하고 어두운 것, 멸망할 것과 극명한 대비를 이루며 강조되었다.

오늘날의 '영·육 이원론적 기독교'를 온통 사도 바울 탓으로 돌리고 싶은 생각은 없다. 짧은 지면에서 일일이 언급할 수는 없지만 이후 수많은 교부들과 신학자들이 교회사를 통해 신앙의 '영적 차원'을 더욱 공고히 해 왔기 때문이다. 신앙의 영적 차원이 강조되면 될수록 상대적으로 인간의 '몸성'은 자꾸 비하되었다. '정욕'은 언제나 신앙과 반대되는 감정으로 묘사되었고 '음란'이나 '죄악'이라는 부정적 단어와 자주 결합되어 가르쳐졌다. 신앙적인 그리스도인이 되려면 될 수 있는 한 금욕적인 생활 태도를 유지해야 한다고 말이다. 전하는 바에 따르면 위대한 교부였던 오리게네스는 하나님만을 온전히 바라보기 위하여 스스로 거세를 했다고 하지 않던가!

기독교 역사상 거의 모든 신학자와 목회자, 그리고 수도자적 영성 지도자들이 모두 '남자'였다는 사실은 또 하나의 심각한 문제를 양산했다. '신앙적'이 되어야 하는데, 그러려면 '정욕'을 억제해야 하는데 그걸 힘들게 하는 존재가 '여자'인 거다.

온통 여학생뿐인 강단에서 가끔 나는 농담반 진담반 그런 이야기를 한다. "만약 기독교 이천 년 역사에서 모든 신학자와 목회자, 그리고 수도자적 영성 지도자들이 모두 '여자'였다면 〈몸성 = 음욕 = 죄악 = 남성성〉의 도식이 성립되었을 것"이라고, 하여 "도덕적으로 약하고 육적으로 죄악된 남자는 성스러운 성직자의 임무를 감당할 수 없다고 결론지었을지도 모를 일"이라고 말이다. 여자도 남자도 다 하나님의 이미지대로 지음을 받았는데, 여자가 특별히 더 육적이고 도덕적으로 더 음란할 이유가 없다. 금욕적인 것을 '신앙적'이라 가르쳐 온 '남자' 지도자들이 거부하고 멀리하고 타자화해야 하는 반대의 성이 하필 '여성'이었기 때문에 빚어진 결과였을 뿐이다.

성 아우구스티누스가 그랬다. "여자의 매력만큼 남자를 높은 정신의 세계로부터 빗나가게 하는 것은 없다"고. 그는 또 "남자에게 도움을 주기 위해 여자가 만들어졌다고는 하지만, 자식을 낳는 일 말고 무엇 때문에 여자가 만들어졌는지 도무지 모를 일"이라고 고민도 하였다. 덕분에 아우구스티누스는 "여자는 그 성적 역할로 인해 남자의 지배를 받을 수

밖에 없다"는 결론을 내렸다. 테르툴리아누스의 여성 혐오는 더욱 심했다. "하와가 너 자신이라는 것을 모르느냐? 하와는 이 세상에서 여자에 대한 신의 판결 언도를 치른다. 살아라. 그리고 비난받아라. 악마의 문은 너이니라. 생명수의 봉인을 뗀 너, 신성한 계율을 최초로 변절한 자, 악마가 공격하지 못한 남자를 설득한 너, 신의 이미지인 남자를 망가뜨린 너."

〈금욕적 = 신앙적〉이라는 도식을 가진 성직자와 평신도들에게 '여성성'이란 참으로 위험한 것이었다. 하여 기독교 역사의 자료들을 훑어보면 여성의 몸을 부인하고 거부하다 못해 괴롭히고 고문하는 일까지 자행되었음을 쉽게 찾아볼 수 있다. 물론 그 절정은 중세 교회가 '마녀'를 판별하는 실험 방식이었다. 필시 일생을 그 어떤 여자와도 인격적이고 의미 있는 관계성을 형성해 본 적 없었을 금욕적인 남자 수도사들의 머리에서 나온 '신앙적' 고문 형식은, 인륜을 저버린 끔찍한 성범죄가 난무하는 요즘 사건들과 비교해 보아도 더 '변태스러운' 것들이었다. 차마 이 글에 옮기기도 저어되는 잔인한 실천들이 어찌 '성적인 것'을 멀리하고 '영적으로' 거룩하게 살아온 종교 지도자들의 머릿속에서 상상될 수 있었는지가 의문이다. 그들은 적어도 성에 관해서만큼은 정신 착란자였고 변태였다.

답은 분명하다. 오늘날의 기독교계 지도자들을 포함하여 소위 신실한 기독교인 가정에서, 학교에서 나고 배우고 자란 신앙인들의 다수가 '너무 일찍' 그리고 '너무나 지속적으로' 금욕적이기를 강요당해 온 까닭이다. 빠르면 네댓 살, 늦으면 예닐곱의 어린 아이가 발달 단계상 너무나 자연히 자신의 성과 주변인들의 성에 관심을 가지고 묻거나 만지거나 할 때, 따뜻한 미소로 충분한 지식과 귀중하게 또는 조심스레 여겨할 부분을 자근자근 알려 주는 그리스도인 부모를 본 기억이 드물다. "주여, 역시 원죄가 있나 봅니다!" "순진무구해야 할 아이들에게 어찌 이런 사악함이 존재하는 거지요?" 이는 전형적으로 아우구스티누스의 반응이었으며, 이에 근거하여 그가 영·유아의 원죄를 설명한 부분이기도 하다.

어른의 기준에서, 그것도 상당히 불순한 상상력에서 아이들의 단순하고 순진무구한 성적 호기심을 억압하는 사례들이 참으로 오랫동안 '신앙'의 이름으로 자행되어 왔다. 이성이 좋아지는 청소년기에도, 몸이 변하여 2차 성징을 경험하는 순간에도 신실한 가정과 교회는 그 아이들의 '몸의 능력'을 자꾸 억압하고 부정하라 하지, 감사하고 소중히 하라 하지 않았다. 성적 각성을 할 위험한 기회는 차단되는 것이 좋다는 판단 아래, 교회학교도 남·녀 반으로 분반하고 대학생 성경모임도 아예 자매반·형제반으로 따로 운영한다. 모태신앙으로 자라 여중, 여고를 거쳐 여대에 왔고 교회학교 내내 여자반에서 양육받은 대학교 2학년 여학생이 모처럼 연합동아리 성경모임에 들어갔더니 거기도 여자들끼리만 셀

모임을 하더라며, 면담 시간에 너무나 진지하게 내게 물었다. "교수님, 어떻게 하면 자연스럽게 남자를 만날 수 있나요?"

평생 이런 환경에서 자란 아이들이 어른이 된 거다. 목회자가 되고 여신도가 된 거다. 너무나 자연스런 몸의 변화를 쉬쉬하거나 감추거나 부인하면서, 몸에 대한 이야기는 신앙적이지 않다고 가르침 받으면서, 이성을 만나 바른 관계성을 형성할 기회조차 박탈당한 채… 하여 신실한 기독교 가정에서도, 교회학교에서도, 교회 강단에서도 '바른 성성'에 대해 배운 바가 없으니 어찌 이들의 성적 이해가 온전하고 건전할 수 있을까?

자고로 음지에서 몰래 배우고 비공식적으로 배운 것일수록 왜곡된 형태의 지식일 가능성이 농후한 법이다. 아이들의 삶이 이렇게 철저하게 '칸막이' 쳐져서 신앙적인 것은 교회에서 배우고 성적인 것은 세상에서 배우게 하는 교회에서 어떤 어른들을 기대했던 말인가? 그 분열로 말하자면 신학교가 선두주자이니 성도착자에 가까운 목회자들이 그 안에서 나온 것이고, 기독교 가정이 또한 주범이니 신실한 가정의 아이들 중에 왜곡된 성 이해를 가진 경우가 많은 것이다.

하니, 이제는 교회가 가르칠 일이다. '성'이란 아름다운 것이라고, 하나님이 창조하신 선한 것이라고. '정욕'은 절대로 부끄러운 것도, 숨기거나 부인해야 하는 것도 아닌, 하나님께서 우리에게 주신 놀랍고 신비로운 능력이라고 말이다. 그러나 무
엇보다 중요한 것은 그 선한 우리의
능력을 바른 관계 안에서 책임성 있
게 실천하는 것이라고. 나도, 너도,
이 세상의 그 어떤 인간도 성적으로
'대상화' 되어서는 안 되며, 무엇보
다 자신의 의지에 반(反)하여 자행되는
성적 관계는 죄악이라고 일찌감치 가르쳐야 한다. 그러나 마음을 나누
고 영혼을 나누고 평생의 파트너로서 함께 하고픈 대상을 만나 상호 동
의 속에서 생겨나는 정욕은 정당하게 행사될 수 있다고, 아니 그 안에서
역사하시는 하나님을 경험할 수 있는 성(聖)스런 경험으로 승화될 수 있
는 것이라고, 당당하게 밝은 곳에서 옳은 방법으로 가르쳐야 한다. 그렇
게 어려서부터 가르쳐야, 세상에서 가장 거룩한 모습을 하고 음습한 곳
에서는 변태짓을 일삼는 어른 기독교인들의 이중성을 더 이상 보지 않
게 될 것이다. 그래야 더 이상 신앙심 깊은 자매들이 영적으로 위대한
(해 보이는) 목회자가 "너는 나의 라헬이다" 그리 말했다 해서 신앙심과
도덕 판단, 그리고 자신의 성적 결정권을 구별하지 못하는 그런 불상사
가 없게 될 것이다.

미국산 교회? '한국적' 교회!

"징~." 낯선 울림이었다. 모태로부터 교회생활이 40년도 훌쩍 넘는데 난생 처음 보는 광경이요 처음 듣는 소리였다. 예배의 시작을 알리는 징소리라니. 장엄한 파이프오르간이나 피아노 반주, 그도 없는 작은 시골 교회에서 사용하는 차임벨까지 다양하게 들어본 나였지만 징소리는 참으로 어색하기 그지없었다. 몇 해 전 설교 부탁을 받고 찾은 시내의 한 교회에서 느꼈던 경험이다. 성가대 반주는 아쟁, 대금, 꽹과리 등 우리나라 전통악기로 구성되어 있었고 국악찬송을 부르거나 기존의 찬송을 우리 가락으로 편곡해 부르는 모습에 나는 마냥 신기해했다. 물론 머리에서는 '그래, 기독교가 서양에서 들어왔다고 서양 악기에 서양 곡조일 필요는 없지' 그리 생각하고 있었지만, 신기하게도 내 가슴과 몸은 낯설고 어색한 곡조와 가락에 다소 불편해하고 있었다.

실은 내 개인적인 취향이나 배경 탓만은 아니다. 한국에 들어온 기독교, 특히 개신교가 그랬다. 한국 역사에서 개신교는 '서구화'나 '근대화'의 진행 과정과 맞물려 들어왔고, 하여 처음 개신교를 접한 대부분의 사람들에게는 〈서구화 = 근대화 = 기독교화〉라는 '발전적 문명 담론'의 공식이 마음속에 자리 잡고 있었다. 언젠가 신앙 연륜이 깊으신 어른들을 만나 인터뷰를 하고 이를 인문학적·신학적으로 풀어내는 일을 한 적이 있는데, 그때 만난 분들이 한결같이 기억하는 어린 시절의 '문화 경험'은 서구식 근대 문명을 기독교적 공간 안에서 만났다는 사실이다. "풍금 소리를 난생 처음 들었어요. 네 살 때였나? 아마 천국의 소리가 있다면 이런 소리겠지 싶었죠. 너무 예뻐서, 너무 아름다워서 난 풍금 근처를 매일 맴돌았답니다." 시인인 김소엽 선생의 어린 날 기억의 한 부분이다. "예쁘고 똑똑한 신여성이었던 주일학교 선생님이 서울 미션 스쿨에서 오셨지요. 신여성, 기독교 여성, 개화된 여성은 어린 나에게 같은 이미지였고 동경의 대상이었죠." 이화여대 명예교수인 서광선 박사의 어린 날도 예외 없이 그러했다.

'서구적' 기독교에 익숙한 내 모습이나 김소엽, 서광선 선생의 기억 속에 아스라이 아름다운 풍경으로 자리 잡은 '서구적' 기독교의 모습은 예외적 경험들이 아니다. 한국에서 개신교의 처음 자리가 그랬다. 풍전등화 같은 구한말, 외세의 노골적인 정치적·경제적·문화적 압력 속에서 한때는 '쇄국정책'도 펼쳐 보았으나, 둑이 터져 넘쳐 나듯 밀려오는 서양의 세력을 막을 길은 없었다. 젊은 지식인들 사이에서 부국강병의 차원에서 '계몽' 프로젝트를 추구하고, 그 일환으로 '서구 근대정신' 의 핵심으로 여겨졌던 개신교를 적극적으로 받아들인 것이 이 당시의 이야기다. 만약 우리 역사가 초기부터 서양 문명과 오랜 교류를 통해 문화적 교섭이 먼저 있었고, 나중에 사상적·종교적 차원에서의 개신교를 받아들인 상황이라면, 실상은 조금 다르게 전개되었을지도 모른다. 그러나 우리나라 대부분의 민중은 '파란 눈' '난생 들어보지도 못한 낯선 언어' '서양식 건물' '서양식 의복이나 문화 습관' 을 개신교 선교사들을 통해 경험했다. 한꺼번에 경험한 서양 문명, 개신교, 근대 문물은 그렇게 하나의 커다란 '혼합물' 로 우리나라에 들어왔다. 때문에 우리는 근대 문물을 '발전된 문명의 이기' 로 간주하듯 '서양식' 기독교의 모든 형태와 행동 방식 역시 우리 전통 종교의 그것들보다 더 '발전된 종교적 양태' 로 받아들이게 된 것이다. 더구나 서양 선교사들의 대다수가 미국인이다 보니, 한국인의 개신교 경험은 자연스레 '미국적' 인 것이 될 수밖에 없었다.

게다가 한국전쟁 이후 '기독교 정부' 라고 불릴 정도로 개신교 신자들이 많던 초기 정부는 교회를 중심으로 서양의 구호물자들을 보급하였고, 기독교 인사들을 대거 사회정치적 지도자로 등용하였다. 근대 교육을 받을 수 있는 기회들이 초기 개신교 신자들에게 압도적으로 주어지다 보니, 당연 근대 한국의 엘리트 집단에는 개신교 신자들의 영향력이나 목소리가 컸던 것도 사실이다. 하여 근대 사회 이래 한국에서 '개신교 신자'란 일종의 '기득권 집단'을 의미하게 되어 버렸다. 상승 욕구를 지닌 일반 대중과 신자들에게 있어 서구식, 보다 특수하게는 '미국식' 개신교 문화를 받아들이는 것은 '문명화'되거나 '계몽되는' 것, '자기 발전을 이루는 일'로 여겨졌다.

물론 상당 부분 사실이었다. 적어도 우리의 전근대적 문화 중 '악습'에 해당될 만한 것들을 폐기하는 데 개신교는 커다란 기여를 했다. 그런데 문제는 부정적인 전통문화의 콘텐츠를 골라 버리면 될 것을, 아예 '전통문화' 자체를 '낡은 것'으로 여겨 통째로 버렸다는 데 있다. 오랜 역사, 깊은 종교 심성을 가진 우리의 전통을 통째로 버리고, '미국산' 교회의 모습 또한 긍정적·부정적인 모습 가릴 것 없이 통째로 받아들인 것이 큰 잘못이었다. 서양 문명과 신앙이 하나의 패키지로 전달된 덕에 예배는 서양식 찬송가, 서양식 악기로 드려져야 하는 줄 알았다.

하지만 생각해 보자. 전통악기가 굿이나 사당패놀이에 사용되었다 해서 '악한 악기'일 리 없는 일이고, 신앙 고백을 우리 가락으로 한다 하여 영성이 떨어질 리 만무하지 않은가! 굳이 낯설고 어색한 곡조에, 맞지 않은 옷을 입고, '문명인입네' 고개를 높이 들고 다닐 일이었을까? 오히려 한국적 가락, 한국적 공동체, 한국적 언어 표현 속에서 기독 신앙을 나타낼 방법을 찾았으면 좋았을 일인데….

문제는 21세기 새 시대를 맞이하여도 한국 개신교의 '미국화' 경향이 그다지 달라지지 않았다는 점이다. 물론 이제는 '개화'니 '문명'이니 하는 이름으로 서양 문물과 기독교의 영적 가르침을 배우는 자세로 받아들이는 '열등한' 저자세는 탈피한 듯하다. 그런데 20세기 후반부터 시작된 '세계화' 담론이 또 다시 한국 교회를 '미국화' 시켜 간다. 냉전 체제의 종식 후 미국이 세계 질서의 유일한 중심축으로 자리 잡기 시작하면서, 미국발 정치경제적 삶의 방식이 '세계화' 되어 버렸다. 혹자들은 독주 체제가 더 이상은 유지될 수 없는 상황이라 분석하며, 유럽이나 중국 등의 등장을 들어 다중심권 운운하지만 그러나 여전히, 아니 적어도 한국에서 '세계화'의 모습은 너무나 '미국적'이다.

무슨 소리? 요즘에는 한류 열풍이라고 문화면에서도 우리나라 젊은 가수들이 미국과 유럽 시장에 진출하여 폭발적인 반응을 얻고 있는데? 그리 반문한다면, 그 젊은 가수들의 노래와 몸동작을 한번 유심히 살펴보라고 부탁하고 싶다. 거기에 어디 한국적 가락이 있으며 한국적 몸짓이 있는가? 서양의 몸짓, 서양의 가락을 잘 흉내 낸 까닭에, 아니 흉내에 그치지 않고 이제는 서구의 것을 서양인들보다 더 잘 해내는 까닭에 열광하고 있다고는 생각지 않는가? 그걸 모르고 '한류' 운운하는 사람들을 볼 때마다 억장이 무너진다.

어쩌면 한국 교회도 그런 모습일지 모른다는 생각에 미치면 더욱 슬

퍼진다. 세계 교회가 한국 교회를 주목하고, 21세기 하나님의 역사는 한 국 땅에서 한국 신자들의 힘으로 전개될 것이라고 전하는 서구 설교가 들의 예언과 설교에 순진무구 좋아할 일만은 아니다. 비교적 짧은 기독 교 역사에 비해 그 열정과 능력이 남다름을 부정하는 것은 아니지만, 서 구 기독교인들의 열광이 행여 "불과 백여 년 전에 우리가 전해 준 기독 교인데, 저들이 우리보다 더 잘하네? 우리가 전한 내용을 그대로 저리 잘 전하니 얼마나 유용한가?" 이런 시선과 관심은 아닐지….

여전히 궁금한 것 중에 하나는, 도대체 우리나라에는 왜 미국 개신교 계의 스타 강사들이 몰려와 그 번거로운 통역을 앞세우고 대중 설교를 하는가 하는 점이다. 더구나 미국인인 그들이 한국 교회의 사명이나 앞 으로 나아가야 할 길에 대해서 뭘 그리 할 말이 많은 것인지…. 나는 '반 미'도 아니요, 특정 국가를 배척하는 '주의'를 가진 사람은 더더욱 아니 다. 그렇다고 선교 초기 낯선 땅 한국에서 몸과 영혼을 온전히 다 바쳐 복음 전파에 혼신의 힘을 다했던 선교사들의 노고를 폄하하려는 의도도 없다. 감사한 일이요 나는 따라가지도 못할 열정인지라 마음 깊이 존경 한다.

사실 나의 곱지 못한 시선은 우리 자신을 향해 있다. 왜 굳이 미국인 에게서 한국의 현재 나아갈 바와 우리의 미래를 듣고자 하는가 말이다. 성령은 우리와는 직접 교통하지 않으시나? 어찌 하나님이 '미국산' 표

미국산 교회?
'한국적' 교회!

53

현과 방식에만 갇히시겠느냔 말이다. 그 복음의 씨가 백여 년도 전에 우리 땅에 심겨졌을진대, 나고 자라는 생명은 '한국적' 옷을 입고 '한국적' 언어로 한국의 현실에 굳건히 뿌리를 내리고 표현될 일이지 않을까?

일본의 한 기독교인인 우치무라 간조도 오래 전 그런 말을 했다. 성공회나 웨슬리의 기독교는 '영국' 기독교인 것이고 장로교는 결국 '스코틀랜드'의 기독교가 아니냐고, 루터의 기독교가 '독일' 기독교라면 자기인들 왜 '일본적 기독교'를 만들 수 없겠느냐고 말이다. 복음의 핵심은 영구불변이다. 시공의 제약을 받지 않고 전하는 이, 듣는 이의 첨삭이 불가하다. 그러나 복음을 전하는 언어, 복음을 표현하는 방식, 복음을 삶 가운데서 살아가는 양식, 그리고 그 복음의 메시지를 가지고 가장 긴급하게 대결해야 하는 반(反)하나님적 세력은 나라마다, 민족마다, 시기마다 다를 일이다. 복음의 보편성을 훼손하자는 이야기가 아니다. 여태 다르지 않았는데, 우리만 '달리' 하자는 말도 아니다. 한국 기독교인의 신앙생활과 교회 공동체 생활을 위한 팁을 굳이 서구 기독교 설교자들과 그들의 번역 서적으로부터 배울 필요는 없다는 말이다.

새로운 바람을 해 본다. 멀지 않은 미래에 교회에서 나고 자란 아이들이 '한국적' 모습의 신앙 표현에 어색하거나 낯설어하지 않기를 말이다. 물론 예배 시간에 북치고 꽹과리 치는 것 '만' 이 '한국적' 교회의 모습도 아니요, 반드시 그리하여야만 '한국적'이 되는 일도 아니다. 그러나 돌아볼 일이다. 우리의 오랜 종교심, 우리의 오랜 종교적 진정성, 우리의 오랜 공동체적 관계 방식은 무엇이었나? 그리고 모색할 일이다. 그 전통과 만나 고백되고 표현되는 '한국적' 교회는 어떤 모습이어야 하나? 또 한 번의 백 년이 지난 뒤 우리의 기독교적 신앙 표현과 실천이 지극히 '한국적'인 모습이기를 소망한다.

2부 교회는 … 아니다

교회는 감정 '만' 의 공동체가 아니다

"아, 엄마 싫다니까요!" 올해도 실패다. 작년에 거의 협박을 하며 보내 놓은 교회 여름 수련회 이후 아이는 수련회라면 기겁을 한다. 질색하는 데는 이유가 있겠지 싶어 하루 날을 잡아 자근자근 이야기를 해 보았다. 유난히 극성맞은 시골 모기나 엄격한 단체 생활 시간표 때문이 아니었다. 아이는 아이들이 모두 목 놓아 울면서 큰 소리로 부르짖으며 기도하는 것이 '불편하다' 했다. 한 사람의 예외도 없이 큰 소리로 손뼉 치며 찬양하기를 강요받는 것도 싫다고 했다. 자신은 조용히 기도드리고 싶은데, 가끔 어느 노래는 눈을 감고 가사 내용을 되새기고 싶은데 자꾸 '주여 삼창' 을 시키고, 목소리를 밖으로 내서 통성기도를 하라 혼내는 것이 이해가 안 된다고 했다. "엄마, 그럴수록 자꾸 교회 가기가 싫어지고 성경 읽기도 싫어져요."

열광적인 집회 분위기를 불편해하던 내 청소년기를 꼭 닮아 있는 모습에 말문이 막혔다. 실은 나도 그랬다. 다만, 아들아이와 다르게 나는 목회자의 큰딸이었기 때문에 선택의 여지가 없었을 뿐. 중학교 2학년, 딱 아들아이 나이었던 무렵으로 기억한다. '심령부흥회' 쯤 되는 교회 행사 기간이었다. 이름도 잊은 어느 부흥 목사님께서 거의 공중부양 수준으로 뛰시면서 열정적으로 설교를 하셨다. 주여 삼창은 기본이고 일어나라, 앉아라, 손뼉 쳐라, 회중에게 시키시는 것이 유난히 많던 목사님은 마무리 시간이 되자 모두 조용히 눈을 감으라 하셨다. 잔잔하고 거룩한 피아노 반주가 들리는 가운데 목사님께서 말씀하셨다. "오늘 이 설교를 듣고 주님을 마음에 영접하시기로 결단하신 분들은 조용히 자리에서 일어나 주십시오."

물론, 나는 앉아서 계속 눈을 감고 있었다. 나와는 상관없는 일이었기 때문이다. 난 이미 주님을 내 마음 안에 모시고 사니까 일어날 이유가 없다는 판단이었다. 분명 목사님께서는 '오늘 설교를 듣고' 영접을 결심한 사람들을 초청하고 계시는 거니까. 이미 영접한 주님을 또 영접할 이유가 없으니까. 그런데 시간이 흐르고 꽤 오래 되었다 싶은 대도 목사님의 초청의 말씀이 끝나지 않았다. 오히려 점점 더 큰 소리로 반복하시는 듯했다. 그러다 급기야 귀청이 떨어질 것 같아 눈을 떠 보니, 세상에… 목사님은 바로 내 옆에서 외치고 계셨다. 그럴 일인 것이, 그 많은 회중 중에 나만 자리에 앉아 있는 거다. 더욱 놀라운 것은 우리 엄마 아빠도 자리에서 일어나 계시다는 사실이었다. 아니, 저분들이야 말로 나보다 훨씬 더 전에 예수님을 마음 안에 영접한 분들인데, 무슨 상황이지? 어이가 없었다. 저 멀리 아빠의 간절한 눈짓에도 불구하고 결국 난 끝까지 일어나지 않았다.

교회 전체 행사였기 때문에, 나의 이 소신 있는(강사 목사님 눈에는 '무례한') 행동은 온 교인들의 입에 오르내렸다. 그나마 호의적인 장로님은 "허허, 소영이가 장군감이에요." 그러고 지나가셨지만, 다수의 교인들 눈에 어찌 예뻐 보였겠나. 담임 목사의 딸이, 일어나라는 강사 목사님의 호통에도 끝끝내 불응했으니. 집에 돌아와 자초지종을 들은 아버지는 나에게 그런 말씀을 하셨다. "그래, 이미 예수님을 마음에 모시고 있기 때문에 안 일어나는 게 맞다는 네 생각, 틀리지 않았다. 하지만 때로는 공동체를 위해 함께 응하는 것도 필요한 법이란다."

물론 교회 안에서 산전수전 공중전까지 치르고 성장한 지금은 아버지의 조언대로 산다. '공동체를 위해 함께' 주여 삼창 하라면 하고, 손을 높이 들라 하면 들고, 통성으로 기도하라 하면 목소리를 내고, 뛰라면 뛰고 앉으라면 앉고…. '내 생각'과는 별도로 하라는 대로 하고 산다. 하지만 난 여전히, 골방에서 홀로 기도할 때 가장 충만한 하나님의 임재를 느끼고, 예배 시간에도 조용히 눈을 감고 말씀을 묵상해야 더 집중력이 생긴다. 그래야 하나님을 향한 마음이 더욱 간절해지고 하나님 안에서 내가 해야 할 일들이 명료해진다.

그건 당신이 아직 불같은 성령을 받지 않아서 그래! 원래 성령을 받으면 뜨거운 거야. 이성적 판단이나 냉철한 분석 따위는 성령의 모습이 아니야. 기독교 선교 역사에 기적을 이루었다는 우리나라 개신교를 봐. 1907년 대부흥 운동도 1970~80년대 민족 대성회도 다 성령의 역사였잖아! 혹자는 그리 반박할 수도 있겠다. 하지만 난 중학교 시절 그 집회 이후 지금까지 쭉 의문스럽다. 성령이 어찌 획일의 영이랴. 성령이 어찌 오직 감성만의 영이랴. 성령과 집단적 열광이 어찌 동일시되랴.

대부흥 열기가 일던 현장을 바라보며 도산 안창호 선생도 유난히 감성적인 한국 교회를 걱정하셨다 들었다. 나라가 망할 풍전등화 같은 상황에서 기독교 복음을 받아들인 조선 사람들이 너나없이 예배당에 함께 모여 대성통곡 개인적인 회개로 목 놓아 우는 모습을 보며, '이 일을 어찌할꼬' 근심이 깊으셨다 한다. 물론 신자 개개인이야 뉘우칠 만한 죄가 어찌 없었겠나! 조강지처 구박하고 축첩한 죄도 회개할 일이고, 시댁 식구들을 마음속으로 증오했던 죄도 회개할 일이다. 그러나 그 시절이 어떤 시절이었나? 서구 열강은 물론 이웃 일본까지 우리나라를 식민지화하려 혈안이 되어 있던 때였다. 이러한 시절에 시국에 대한 이성적 성찰이나 분석 없이 개인적 감정에 호소하는 한국 교회가, 도산의 눈에는 참으로 우려스러웠다.

3·1운동 직후 급격히 부흥회와 신비주의 신앙에 몰두했던 한국 교회를 향해 "냉수를 뿌리면서라도 이성적이 되라" 했던 김교신 선생의 걱정도 한 가지였다. 한국 선교 반세기를 지나는 시점에서 그간의 성령 충만한 한국 교회의 역사를 나무라지 않겠으나, 이제는 제발 이성적이 되라고 애절하게 호소했었다. 다 죽어 가게 된 환자는 원인을 찾고 괴로움의 근본을 찾아 뿌리 뽑아야 하는 법인데, 식염주사 맞고 잠시 반짝하는 것으로 어찌 궁극적인 해결이 되겠느냐고 말이다.

해방 이후 실질적 주권을 외세에 넘겨주게 된 상황, 대한민국의 민주주의적 성장이 군사 독재로 위협받게 된 상황을 맞으며 "생각하는 백성이어야 산다"고 외쳤던 함석헌 선생도 같은 판단이었다. '영혼 구원'과 '삼박자 축복'을 갈구하며 여의도 광장을 꽉 채운 성도들에게, 그들을 호위하며 질서 유지를 위해 도움의 손길을 내미는 정부의 의도를 제발 좀 이성적으로 읽어 내라고 호소를 하셨다. 한국 교회가 할 일이 정말 '나라를 위한 조찬 기도회'나 '정부 지도자를 위한 3분 기도' 뿐인지, 생각하는 신앙인이 되라고 말이다.

그러나 소수 주체적 신앙인들의 걱정 가득한 충고에도 아랑곳 않고 한국 교회는 유난히 '감정적인 공동체'로 자리 잡아 갔다. 물론 이유는 있었다. 3·1 독립만세 운동 이후 조직 면에서나 참여자 면에서 지도자적 역할을 한 기독교에 대한 일제의 탄압이 극심했다. 결국 '살아남기'

위해 많은 교회가, 사회나 시절 탓하지 말고 오직 영원한 나라를 바라며 신자 개인의 영적 충만함으로 어려운 시절을 이겨 나가자 권고했다. 덕분에 대부흥 운동 이래 이미 상당히 영적인 특성을 띄고 있었던 한국 교회는 본격적으로 '성령 강림형 감정의 공동체'로 자리매김하게 되었다. 해방 이후 현대사의 질곡 속에서도 한국 교회는 전쟁으로 가족을 잃은 슬픔, 절대 가난의 어려움을 큰 아멘 소리로 열광하고 뜨겁게 찬양하는 것으로 극복하려 했다. 특히 정치적 주장을 하는 교회나 신자들을 무력 탄압하던 제3공화국 이후에는 더욱 더 '개인 영혼의 평안함'을 추구하는 감정적 열기를 강조했다. 자신의 삶의 자리에서 치열하게 생각함 없이, 집단으로 모여 열광하고 눈물을 쏟고 흩어지는 교회가 대다수 한국 교회의 모습이었다.

성령 충만한 뜨거움, 그 감정적 열정이 틀렸다는 것은 아니다. 다만 뜨거운 감정만으로는 부족하다는 이야기다. 더구나 그 감정이 '조성되고 강요되어 훈련된 획일의 감정'이라서 이성적 판단을 동반하지 않는다면 위험하다는 이야기다. 집단적 감정 '만'이라면 마치 고대 이래로 존속했던 종교문화적 축제가 가졌던 사회학적 기능, 즉 일정 시간 동안의 일탈이나 감정 표출로 구조적·제도적 불만을 잠재우려 했던 그 몫을 수행할 가능성이 농후하다는 말이다. 마르크스가 말했던 '아편'의 기능 말이다. 산 신앙인 기독교가 아편이어서야 되겠는가! 하나님 나라의 질서가 이 땅에 도래하도록 역동적인 삶을 살아야 하는 신앙인들이 그저

제 감정에만 취해서 잠시 황홀경에 빠졌다가 일상으로 돌아가는 것으로 어찌 만족을 하겠는가!

교회는, 특히나 오늘날의 교회는 이 땅의 수많은 성도들이 예배당 앞에 나아와 엎드려 쏟아 놓는 좌절감과 분노와 불안이 어디서 기인했는지, 그 구조적·제도적 원인을 분석하고 따져 묻고 해결책을 강구하는 '이성적' 공동체가 되어야 한다. 물론 이성 '만' 의 공동체가 되어야 한다는 말은 아니다. 다만 승자독식의 이 사회를 그대로 둔 채, 아니 오히려 신자가 승자의 위치에 오르기를 갈망하며 구하는 성령의 뜨거운 은혜 체험을 강조하고 조성하는 공동체이면 안 된다는 말이다. 삶의 무의미와 분열을 가져 오는 사회 구조를 무시한 채 사적 해결에만 몰두하여 감정선 가득 울리는 각종 회복 프로그램으로는 온전한 성도를 길러내지 못한다는 말이다. 감정 '만' 의 교회는 기독교 본래의 사명을 가리고 왜곡하기 때문이다. "하나님 나라의 통치 질서가 이 땅에 이루어지이다" 그리 고백하고 이를 위한 주의 도구로 사는 교회, 그 본연의 사명을 기억한다면 우리는 더 이상 감정적 공동체일 수 '만' 은 없다.

교회는 세속적 욕망의 공동체가 아니다

"벌고 싶은 수입의 십일조를 믿음으로 미리 드리십시오. 그러면 능력의 하나님께서 그만큼 벌게 해 주실 것입니다. 그 부분은 하나님을 시험해도 됩니다. 성경에 쓰여 있습니다."

"불신자들은 도저히 따라올 수 없는 뛰어난 학업 성과, 회사에서의 획기적인 아이디어가 우리 교회 성도들에게 임할 것입니다. 이것은 오직 우리 교회를 향한 예언의 말씀입니다."

"물질적인 축복을 받고 싶다면 갖고 싶은 것을 목회자에게 먼저 드리십시오. 그러면 드린 것은 삼십 배, 육십 배, 백 배의 결실이 성도님들의 몫이 될 것입니다."

한 교회 목사님의 설교 내용이 아니다. 요즘에는 설교가 인터넷 동영상으로 서비스 되고 심지어 CD로 구워 여기저기 배포하는 교회들도 많다 보니, 심심치 않게 들리는 설교 내용들을 몇 개 제시했을 뿐이다. 강남에서 최근 빠르게 성장하는 한 교회 목사님은 최고의 정치가, 수많은 교수진, 대박 나는 기업가, 미디어 매체를 통해 인기를 얻는 예능인, 그리고 획기적인 수술법이나 기발한 발명을 해내는 의사와 과학자들이 자신의 교회에서 나올 거라는 예언을 전하기까지 한다. 그 성공도는 대한민국을 넘어서 글로벌할 것인즉 〈타임지〉나 〈뉴스위크〉지가 이 교회 성도들의 성공을 보도할 것이란다. 아무 교회에나 내리는 하나님의 호의가 아니고 오직 그 교회 성도들에게만 내리는 호의라나? 예수님께서 친히 나타나셔서 기도 중에 그리 말씀하셨다 하니 성도들은 그저 감격할 따름이다.

그런데 흥미로운 것은 이런 종류의 설교에서 드러나는 바, 성도들의 성공이 각 분야에서의 성실하고 치열한 전문가적 노력의 결실이라기보다는, '주님께서 베풀어 주시는 호의' 덕분이라는 점이다. 물론 신앙인으로서 나 또한 계시의 현존을 부정하지는 않는다. 하나님의 뜻을 이루시기 위해 특정 개인이나 집단을 부르시는 역사가 신·구약 성서에 기록되어 있으며 기독교 역사를 통해 보아온 일 아니던가! 그러나 동시에 우리는 인간의 사리사욕, 잘못된 욕망을 채우기 위한 도구로 계시를 오용해 왔던 역사도 함께 있었음을 알고 있다. 그러니 판단의 기준은 계시를 통해 예언을 받았다는 사람의 영적 능력이나 종교적 위치보다는, 계시의 내용이 성서를 꿰뚫는 하나님의 비전, 예수의 하나님 나라 사역과 일맥상통하는가에 있어야 한다고 본다. 계시의 진정성은 꿈이나 환상에 예수께서 나타나셨나 엘리야가 나타났나 하는 성서 인물의 중요도와는 무관한 일이다.

결론부터 말하면 이런 종류의 설교는 '전도(顚倒)된 청교도 윤리'다. 물론 이런 물질적 축복, 세상에서의 성공을 약속하는 목회자들은 신자 개인이 받는 축복이 결코 혼자 잘 먹고 잘 살기 위함이 아니라 말한다. 한국 교회를 개혁하고 나아가 한국 전체를 도덕적·신앙적으로 거듭나게 하는 일에 쓰이고, 나날이 늘어가는 빈자들의 삶의 질을 향상시키는 일에 쓰이는 재물이요 권세라고 믿는다. 때문에 꼭 성공해야 하는 신자 개개인의 '선교적' 사명이 남다르다고 강조한다. 세속 직업의 성공을 통해 한국 교회를 개혁하고 한국을 바꾸겠다는 이들의 열망은 언뜻 막스 베버가 말한 바 초기 개신교(특히 청교도)들의 '현세내적 금욕주의'를 닮은 듯 보인다.

중세까지의 가톨릭 신앙은 세상으로부터 분리된 초월적 금욕을 강조했다. 그러나 전통과 달리 개신교도(특히 청교도)들은 세속(世俗)을 하나님의 영역으로 인식하고 이 세계 안에서 금욕적 신앙을 살아내기 위한 직업 소명에 충실했다. 하나님의 뜻을 세상에서 실현하는 '주의 도구'로 쓰임받기 위해 자신의 직업세계에서 최선을 다하는 청교도들은 비합리적 목적인 구원 상태의 확인을 위해, 합리적 수단인 직업세계에서 이성적·계산적인 행동과 근면한 노동에 성실했다.

그럴 수밖에 없었다. 면벌부(면죄부)를 발행해 가며 인간의 구원 여부를 좌우하는 중세의 가톨릭에 '프로테스트' 하여 나온 것이 개신교였지 않았나. 때문에 개신교도들의 가장 중요한 신앙 고백은 '하나님의 절대주권' 과 '오직 신앙으로만' 의 원칙이었다. 구원은 오직 하나님의 영역 안에 있으며 개개인의 구원 여부는 하나님만이 결정하실 수 있다는 것, 하여 개개의 신자는 자신의 조정 밖의 영역인 구원에 대해 인간적 수단 (봉사나 기도, 헌금 등)을 사용할 수 없다는 신앙 고백이다. 더구나 칼뱅의 신학에 영향을 받은 많은 설교자들은 "하나님이 구원받을 사람들을 이미 예정하셨다"는 가르침으로 신자 개개인을 심히 불안한 상태로 이끌었다.

나는 구원받기로 예정된 사람일까? 혹시 나는 영원히 멸망할 사람으로 예정된 것은 아닐까? 결국 자신의 '구원 상태' 를 확인하는 길은 세상에서의 직업 소명을 통해 하나님께 영광을 돌리는 동안, 자신이 '하나님의 호의' 를 받고 있는지 아닌지를 체험함으로써 알아가는 방법밖에 없다고 믿었다. 구원하시기로 확정된 '선택된 신자' 라면 하나님의 은총(호의)이 나와 함께 하기 때문에 직업에서 성공을 얻을 수 있다는 논리다.

다른 사람들이 보기에는 '과도한 직업 소명'을 가지고 그 어느 누구보다 오랜 시간, 그 어느 누구보다 치열하게, 그리고 그 어느 누구보다 성실하게 자신의 전문 분야에서 노력한 사람들, 그들이 직업을 '소명'(calling)으로 여긴 칼뱅주의적 개신교도들의 심리 상태가 결국 서구 자본주의적 근대를 여는데 톡톡히 한몫을 감당했다는 것이 베버의 논지였다.

그러나 오늘날 신자들의 세속적 성공에의 열망은 처음의 청교도 윤리가 뒤집힌 형태다. 칼뱅이 전적으로 옳았단 이야기도 아니고 청교도 직업윤리가 다른 노동윤리에 비해 신앙적이라고 주장하는 것도 아니다. 다만 영적 동기에서 세속적 욕망을 성취하려던 처음의 동기가 옳다고 믿는다면, 그 역(逆)이 어찌 정당화될 수 있느냐고 묻는 것이다. 청교도들은 구원 상태의 확인이라는 영적 동기를 가지고 직업세계에서의 성실성을 보였다. 그러나 오늘날 번영신학에 동조하는 설교자들과 그들에게 '아멘'으로 화답하는 신자들에게서 읽히는 열망은, 직업세계에서의 성공이라는 세속적 동기를 가지고 눈에 번쩍 뜨이는 계시나 아이디어를 내리시는 하나님의 호의를 바라는 '뒤집힌'(reversed) 신앙심이기 때문이다.

상황의 절박함은 이해가 간다. 해도 해도 안 되는데 어쩌랴. 스펙도 밀리고 아이디어도 딸리고 젊고 실력 있는 사람들은 자꾸 밀려오는데,

21세기 신자유주의적 무한 경쟁의 시대에서 이제 최고의 경쟁력은 '하나님의 호의' 렷다. 하나님이 직접 선택하여 호의를 베푸는데 보통의 인간들이 어찌 당하겠나? 그러니 세상이 놀랄 획기적 방법으로 〈타임지〉나 〈뉴스위크〉지에 나올 만한 성과를 내겠지. 그런데 궁금하다. 왜 하필 하나님의 호의는 다른 교회가 아닌 그 교회 교인에게만 임한단 말인가? 한국 교회의 개혁은 왜 하필 그 교회 교인들이 주도해야만 한다는 건가? 하나님의 비전을 말하지만, 내면에 자리 잡은 것은 '전도된 신앙' 과 '숨겨진 욕망' 일 뿐이다.

극단적인 몇몇 교회의 모습일 뿐이야! 그리 위로하고 싶지만, 솔직히 대부분의 한국 개신교가 이런 세속적 유혹에서 자유로운지 반성해 볼 필요가 있다. 사실 개신교는 그 발생 초기부터 자본주의적 근대 세계와 시간, 공간, 주체(신흥부르주아 계급)를 함께 공유한 까닭에 '자본주의 친화적' 일 가능성이 농후했다. 그 친연성에 세월이 더해 가며 자본주의적 근대 세계에서의 성공은 신적 선물인 듯 인식하게 된 것이다. 그러나 여기서 근본적으로 물어야 할 질문은 이것이다. 기독교는 과연 '자본주의 친화적' 인가? '세상적 성공' 을 목적으로 하는가? 그것이 하나님의 뜻인가? 교회는 세상적 성공의 샘플 집단인가?

'꼭 우리 교회 우리 신자들에만 임하시는 하나님의 호의를 통해 세상에서 성공할 것' 이라 가르치는 이들은 정말 모르고 있는 것일까? 예수와 제자들, 바울과 초대 기독교인들의 모범이 어떤 모습이었는지 말이다. 12세에 이미 중앙 성전의 최고 전문가 종교인들을 놀라게 한 '율법 신동' 예수는 최연소 랍비가 되었나, 최고 연봉의 성전 제사장이 되었나? 로마 시민으로서, 가말리엘의 제자로서 당대 최고의 글로벌 스펙을 자랑하던 바울이 세상 직업에서 높이 들렸던가? 초대 교회는 성공한 비지니스맨들의 집결지였나?

압바와 맘몬이 어찌 함께 갈까? 어이없는 일이다. 개신교를 비아냥거리는 많은 이들이 교회를 사리사욕과 탐욕에 눈먼 집단으로 보는 까닭이 거기 있지 않을까? 세상과 똑같은 가치를 추구하되 이제는 치사한 방법('나에게만 내리는 하나님의 호의')을 동원하는 집단. 결국 '이 세상 모든 부귀영화에 더하여 천국과 영생까지 얻으려는 욕망'의 집단이 과연 '교회'의 이름일 수 있을까?

교회는 정치하는 공동체가 아니다

혹 "믿음, 소망, 사랑 중 제일은 소망"이라는 이야기를 듣고 정색하며 "틀렸어, 사랑이 제일이지" 하는 이는 필시 21세기 대한민국 국민이 아닐 터다. 한 여배우의 이름을 따서 특정 배경을 선호하는 대한민국 정권을 풍자하는 목록에 대표적 대형 교회 이름이 등장하는 세상이다. 하긴 우파 성향을 갖는 보수 정치인들과 개신교의 상호 친밀성은 어제오늘의 일이 아니다. 어찌 세상을 보는 입장이 '좌'와 '우' 달랑 그렇게 둘만 있을까마는, 흑백 논리가 유난스러운 우리나라에서 나와 다른 보수적 주장은 모두 '우익 꼴보수'요, 나와 다른 진보적 주장은 모두 '종북 좌파'라고 불린다. 더구나 6·25 전쟁을 겪으며 공산주의자들에 의해 수많은 교회와 교인들이 곤욕을 치른 역사이고 보니 〈좌익＝빨갱이＝무신론자〉의 도식은 대부분의 한국 교인들에게 '정답'이고 '정석'으로 여겨져 왔다. 하여 좌 아니면 우를 강요하는 이분법적 사회에서 교회는 주로 〈신실한 기독교인＝우파＝보수〉의 입장을 취해 왔다.

때문에 공약이나 정책의 내용을 꼼꼼하게 이성적으로 따져 묻기 전에 무조건 '우파'의 든든한 지지자가 되어 온 것이 주류 한국 교회였다. 대한민국 건국 이래 기독교인 대통령과 국회의원을 당선시키는 일이라면 적극적인 정치적 지원을 아끼지 않았다. 서울에서 무상 급식에 대한 논란이 좌우 대결로 치달았을 때에는 찬반 투표에 적극 참여하여 우파 시장에게 힘을 실어 주자는 설교도 들렸었다. 기독교 정당까지 창당한 마당이다. '서울시를 하나님께 바치고' '대한민국을 주께 헌납하려는' 신앙심 충만한 기독교인들이 이제는 개인의 차원이 아니라 집단적 힘으로 그 실체를 드러내고 있다. 강한 운동성을 가지고 정치적 활동을 활발히 하고 있는 한 목회자는 기독교 정당 창당의 필요성을 말하면서 이렇게 외쳤다.

"왜 애를 낳지 않느냐. 젊은 애들의 극단적 이기주의 때문이다. 자기 재미를 위해, 애를 낳으면 골반이 흐트러진다며 안 낳는다. 우리가 내년 4월에 기독교 정당을 만들어서 헌법을 개조해 아이 5명을 안 낳으면 감방에 보내는 특단의 조치를 취해야 한다."(《경향신문》 2011년 8월 31일자 인터넷 뉴스)

이 기사를 접하며 차마 댓글을 읽어 볼 용기가 나지 않았다. 사회 현상을 이해하고 분석하는 능력이 조야하고 얕음은 어쩔 수 없다 치자. 그것이 개인의 생각일 때는 그저 "세상 참 좁게, 쉽게 이해한다"혀만 차면 그만일 일이다. 그런데 그런 얄팍한 이해에 입각한 자신의 주장을 공론화하고 입법화하고자 한다면 그건 분명 다른 일이다. 목회자의 이름으로, 교회의 이름으로 그리한다면 더욱 큰일이다.

어찌 교회가 '정치하는 공동체'일까! 특정 정당을 창당하고 특정 주장을 입법화하고 그에 반하는 사람들을 처벌하는 모습이 진정한 교회의 역할이라 그리스도인의 본분이라, 정녕 그리 믿는 것일까? 정·교 분리를 기본 골격으로 하는 근대 민족국가의 이념이 무색하게도 신적 소명과 명분에서 정치를 하겠다는 '중세적' 인사들이 어쩌다 이리 한국 교회 안에 차고 넘치게 되었을까?

우리나라의 경우 '근대 문명'이 서구로부터 소개될 당시 정황상 정치, 경제, 종교 별도의 구분 없이 패키지로 결합하여 들어온 것이 원인이라면 원인이다. 유럽 근대사의 전개 속에서는 그래도 사회주의와 기독교 신앙이 결합된 사례도 있었고, 대안경제적 비전의 핵심에 기독교 신앙이 굳건한 토대로 자리 잡은 경우도 있었다. 그러나 우리나라에 들어온 기독교는 주로 '미국산'이었다. 자본주의 경제 체제와 청교도 신앙 간의 '선택적 친화력'이 형성되었거니와, 여기에 정치적 제도인 '자유민주주의'가 덧붙어 함께 한국 땅을 밟았다. 결국 우리가 받은 '근대 문명'의 패키지는 경제적으로는 '자본주의 제도', 종교적으로는 '복음주의적(상당부분 근본주의적) 기독교', 그리고 정치적으로는 '자유민주주의 제도'가 연대한 그런 형태였다.

제1공화국부터 그랬다. 1948년에 발족한 대한민국 정부의 초대 대통령이 기독교를 장려하는 정책을 열정적으로 전개했음은 주지의 사실이다. 우리나라 역사상 첫 국회는 당시 의원이었던 이윤영 목사의 기도로 시작되었다. 국가의 주요 의식은 기독교 의식에 따라 집행되었고 정부 요직과 국회의원에 기독교인들을 많이 기용하도록(정부 요직의 약 40%, 국회의원의 25%) 장려했던 정부였다. 전쟁 당시와 전후 외국에서 들어오는 구호금과 구호물자는 개별 교회와 교역자들 그리고 신학교를 통해 나누어 주었다. 이런 시절을 살면서 일반 국민은 물론 교인들도 자연스레 '미국발 복음주의적 신앙, 자본주의적 경제관, 자유민주주의적 정치관'을 절대로 떼어 낼 수 없는 하나의 '신성한 묶음'으로 여기게 되었다.

그러나 자본주의제와 자유민주주의제를 가로지르는 핵심이 무엇인가? 이 두 제도의 공동 토대는 '개인'이다. 개인의 행복이고 개인의 자유이고 개인의 권리이고 개인의 소유다. 따라서 정치는 개인의 선택과 자유 경쟁을, 그로 인해 획득한 개인의 지위와 소유를 가장 잘, 안전하게 보호하는 방향으로 진행되어야 한다는 것이 이 두 제도를 지탱하는 신념이다. 한 개인으로서 열심히 내달려 최선을 다한 결과인데, 노력 않고 그냥 먹겠다는 공공복지는 어림없는 소리다. 좌파의 계략이다. 빨갱이가 배후 세력임에 틀림없다. 그리 가르치는 것이 오늘날 보수화된 한국 교회의 현주소다.

몇 해 전 무상 급식 제도의 시행을 놓고 시끄러웠던 때도 그랬다. 반대하는 사람들은 재정이 부족하여 전면 무상 급식이 힘들다 했다. 소득 수준에 따라 반만 주자는 아이디어도 아이들의 생활 형편을 일일이 조사하여 빈/부로 반반 나누는 작업에 비용이 더 들기에 비효율적이라 했다. 두 논지는 다 실제적이고 타당한 이야기였다. 하지만 여전히 가능한, 그리고 정부로서는 추가 비용이 발생하지 않는 대안이 있는데도, 찬성하는 쪽이나 반대하는 쪽이나 정치인들은 조개처럼 입을 다문 채 그 손쉬운 제안을 발설하지 않았다. 일단 무상 급식을 진행하면서 취학 아동이 있는 고소득 부모에게 세금을 걷을 때 급식 비용을 추가하면 될 일 아닌가! 소득 수준이야 종합소득세나 연말 정산 시스템이 이미 구축되어 있는데 초중교 자녀를 둔 고소득 부모인지 아닌지는 전산망으로 금세 처리 가능한 일 아니겠나.

그러나 '세금을 더 걷자'는 말, 더구나 '부자들에게 세금을 더 내게 하자'는 말은 입 밖에 내기엔 위험천만한 제안이다. 지략이 모자라 생각지 못했을 리 없다. 공공복지를 위하여 개인에게 세금을 더 내게 한다는 발상은 소위 '자유민주주의'나 '자본주의'의 원칙과 가치를 위배하는 배신 행위이기 때문에, 표를 잃을 발언이기에, 좌든 우든 이를 선뜻 이야기하지 못했을 터다. 많은 '자유민주주의' 국가들이 말로는 '복지'를 외치면서도 부자에게 세금 물리는 일에 그리 전전긍긍 소심함의 극치를 보이는 이유가 여기에 있다. 살 만한 사람, 넉넉한 사람들에게 더 거두어서 배고픈 사람, 궁핍한 사람들에게 나누어 주자는 논리는 '사회주의적' 발상이라 여기기 때문이다. 우리나라 교회 지도자들과 교인들도 이렇게 생각하는 사람들이 많다.

한국 교회의 아이러니는 여기에 있다. 성서가 가르치는 이상은 오히려 '사회(혹은 자발적 공산)주의의 이상'에 가까운데, 그들이 미국발 개신교 신앙으로부터 받은 유산은 '자유민주주의·자본주의'를 '보수'(保守)하는데 있다는 것! 신앙과 정치, 경제적 제도를 떼어 생각할 기회도 능력도 없었던 한국 교회는, 하여 어이없게도 '자유민주주의'와 '자본주의'를 수호하는 '주의 군대'가 되기 위해 정치를 하겠다는 발상을 하기에 이르렀다.

그러나 돌이켜 보자. 예수가 선포한 하나님 나라와 초대 교인들의 교회 공동체가 자본주의적 이상에 가까웠나? 개인의 능력별 자유 경쟁과 그 결과 획득한 권리와 소유를 보장하는 개인주의적 국가였나? 십자가 아래 빈부귀천이 없고, 가진 자의 자발적 가난으로 인해 모두가 함께 나누어 먹는 '나눔'의 공동체가 하나님 나라의 비전이고 초대 교회의 모습이었다는 것은 성서가 증언한다. 그렇다고 그들의 대안적 삶이 하나님의 뜻에 입각한 '기독교 공산주의적' 세속 정부를 세우자는 것은 아니었다. 처음의 교회는 '신앙의 이름으로 세속 국가를 세우려고 정치하는' 교회와는 거리가 멀었다. 가이사의 것은 가이사에게 돌려버리고 자신의 삶 한 가운데서 오직 하나님의 뜻에 따라 권위도, 소유도 나누며 살아간 구체적이고 실천적인 생활 공동체가 교회였다.

그런데 역설적으로 초대 교회의 실천은 제도권 사제들과 로마제국에게는 '정치적인 면'에서 너무나 위협적인 존재였다. 그리스도인들의 삶의 방식이 사회 전반으로 확장되면 곤란했다. 그 방식이 '보편'이 되면 군림하고 지배하고 조정할 수 있는 그들의 기득권이 상실될 것이기 때문이다. 그걸 알았기에 제도권 지도자들은 정당 창당은커녕 정치판 근처에도 안 가 본 예수를 십자가로 내몬 것이었고, 제국과는 무관한 삶을 살던 초대 교회 교인들을 사자굴에 집어 넣었던 것이다. 예수의 살아 있는 말씀을 각자의 자리에서 철저하게 실천했던 교회를 로마제국은 두려워했다. 없애려 했다. 제국이 교회를 비호하기 시작한 것은 4세기 이후, 즉 교회가 '정치하는 공동체'가 되고 난 뒤의 일이었다. 제국과 정치하는 교회는 뜻을 같이했고 함께 양적 성장을 거듭했다. 물론 그러는 와중에 기독교의 핵심 신앙이 상실된 과정을 우리는 교회사를 통해 보아 왔지 않았나!

교회는 결코 정치하는 공동체가 아니다. 그러나 "하나님의 뜻이 이 땅에 이루어지이다" 고백하며 예수의 말씀을 오늘에 받아 철저하게 살아내는 삶 자체는 언제나 '정치적'이다. 다수의 인간 위에 군림하여 지배하고 통제하고 조정하려는 그 모든 제국적 정치인들에게 위협이 되기 때문에….

교회는 뻔뻔함의 공동체가 아니다

우리 속담에 "방귀 뀐 놈이 성낸다"는 말이 있다. 물론 맥락에 따라 다의적으로 해석 가능하다. '무안해서 더 과장되게 행동한다'는 뜻일 수도 있고, '화를 낼 원인을 제공해 놓고 오히려 적반하장으로 주변 사람들에게 언성을 높인다'는 뜻에 방점이 찍힐 경우도 있다. 전자의 경우라면 마음 넉넉히 연민의 시선으로 대해 줄 수 있겠으나, 후자의 경우라면 요즘 말로 '어이상실'이다. 빌어도 시원찮을 상황에서 오히려 자신이 화를 내다니 말이다. 물론 저지른 죄가 기껏해야 '방귀 뀐' 정도라면 전자의 경우이든 후자의 경우이든 큰 문제가 될 일은 아니다. 눈살 한 번 찌푸리고 코 한 번 찡긋하며 넘기면 될 일이다. 하지만 문제는 자신의 저지른 죄로 인하여 상처 입고 가슴에 지워지기 힘든 멍울을 안고 사는 피해자들이 있을 만큼 '큰 죄'를 지고서도 당당한, 혹은 뻔뻔한 경우다.

'죄가 깊은 곳에 은혜도 깊다'는 기독교의 익숙한 고백은 하나님과 죄를 저지른 신자 개인 사이의 관계에서 성립한다. 적어도 우리가 고백하는 기독 신앙 안에서 하나님께서는 그 어떤 심각한 죄라도, 심지어 살인과 같은 극단적인 죄라도 진심으로 뉘우치고 회개하는 사람을 '즉각적으로' 그리고 '온전히' 용서하시니 말이다. 회개, 그러니까 이전의 삶을 참회하며 그 삶의 방향에서 '돌이켜' 다시는 이전의 방식이나 행동을 하지 않겠다고 결심하는 신자에게 하나님은 언제나 너그러운 용서와 충만한 사랑을 주신다. 그게 은혜. 교회가 만약 포인트제나 실적으로 평가받는 공동체라면 제대로 합격점 받고 교회 안에서 고개 들고 떳떳할 신자가 몇이나 될까? 죄의 경중과 기간에 상관없이 회개하는 자를 온전히 받아 주시고 모두 용서해 주시는 은혜로 말미암아 죄사함을 받았으니 감히 '성도'(거룩한 신도)란 이름으로 불릴 수 있는 것 아니겠나? 하니, 죄의 깊이만큼 은혜의 감격이 큰 것은 충분히 이해할 만하다.

하지만 이는 분명히 하나님과 성도 개인의 관계성 안에서 벌어지는 일이다. 분명히 구별해야 하는 것은 하나님으로부터의 '죄사함의 은혜'는 즉각적이었을지라도, 피해자로부터의 용서는 죄를 지은 내가 임의로 결정하거나 '요구'할 문제가 아니라는 사실이다. 아니 실은 시간이 걸리는 것이 '인간'의 마음임을 인정해야 한다. 사람은 하나님과 달라서 그리 쉽게, 즉각적으로, 은혜로운 용서를 하기 힘들기 때문이다. 물론 '사랑의 원자탄'이라 불리며 자신의 두 아들을 잔인하게 죽인 죄인을 용서하고 대신 아들로 삼은 손양원 목사님 같은 분도 있으시다. 무엇보다 가장 고귀한 용서의 모범을 보이신 분은 십자가 도상의 예수님이셨다. "아버지, 저들을 용서하여 주옵소서! 그들은 자신이 하는 일이 무엇인지 알지 못합니다." 그들의 무지와 완악함의 결과 자신의 생명을 대가로 내어 주는 순간에도 예수는 자신을 가해하는 사람들을 위해 하나님의 은혜를 구하였다.

문제는, 이러한 비범한 '피해자들'의 사례가 신앙인의 이상적 모델로 추구되는 과정 중에 어이없게도 가해자에 해당하는 신자 개인이나 교회가 상당히 기이한 행동 양식을 취하게 되었다는 점이다. 세상에서, 혹은 교회 안에서 크고 작은 죄를 범한 뒤 회개하고 죄사함 받은 은혜의 감격에 취해 있는 신자들의 행동에 '문제적'인 사례들이 많다. 이들은 죄사함의 감격으로 찬양과 기쁨이 넘쳐흐른다. 얼굴빛은 환한 광채요 입에서는 언제나 '할렐루야'다. 하지만 그리도 빠른 감격과 자축에 겨워 그들은 어느덧 자신이 어떤 죄를 지었었는지, 그 죄로 인하여 상처받은 사람은 어떤 마음으로, 어떤 상황으로 하루하루를 살아가는지조차 망각하는 듯하다. 아니, 본인이 받은 죄사함의 은혜는 그들에게 입힌 상처까지도 순식간에 다 사라지게 한다고 믿고 싶은지도 모르겠다. 그래서 종종 피해자에게 당당히 요구한다. 네가 신자라면 예수처럼, 신앙의 선배들처럼 나를 즉각적으로, 온전히 용서하라고 말이다.

오래전 영화 〈밀양〉에서 유괴 살인범이 보여 주었던 뻔뻔함이 그랬다. '현실에는 없는 영화 속 한 상상물이다', 그리 주장할 수 있다면 얼마나 좋을까! 하지만 그 영화에서 그려진 '용서함 받은 죄인'의 모습은 '은혜 충만'한 신자들의 이면이 얼마나 폭력적일 수 있는지, 그리고 그런 모습들이 얼마나 자주 주변에서 행해지고 있는가를 고발하는 한 사례였기에 고개를 들 수 없었다. 외동아들을 잃고 하나님 앞에 피 토하며 절규하던 여주인공은 '죽기까지 우리를 용서하신 예수의 사랑'을 강조하며 용서를 권하는 성도들에 의해 참으로 어려운 결단을 하게 된다. '그래! 예수님의 용서도 있는데, 그의 제자라는 내가 본을 받아야지' 그리 결심하고도 내 아들 죽인 범인을 마주 대할 생각에 벌벌 떨리고 심장이 벌렁거렸다. 그런데 이게 웬일인가? 죄책감에 초죽음이 되어 있거나 아님 여전히 악마에 사로잡힌 사악한 표정의 얼굴이겠지 싶었던 범인은, 금세 후광이라도 생길 듯 환한 얼굴로 말끝마다 '하나님의 은혜' '하나님의 사랑' 운운하는 거다. 교도소에서 예수님을 만났고 죄사함의 은혜를 경험했단다. 덕분에 기쁨 충만하단다. 새 삶을 얻었단다. 거기까지만 하지, 자매님도 하루 빨리 주 안에서 하나님이 주시는 은혜로 말미암아 이 기쁨과 참된 안식을 누리라고 '신앙의 조언'까지 한다. 어렵게 용서를 하러 갔던 그 여주인공은 가까스로 면회실을 나와 비틀비틀 걷다가 하늘을 향해 분노의 절규를 내지르다 결국은 혼절을 하고 말았다.

신앙의 깊이가 깊지 않아서 그래. 진심으로 마음 깊이 용서한 것이 아니라 그래. 주변의 성화에 밀려 섣부르게 용서하려 해서 그래. 하나님의 사랑과 은혜를 깊이 체험했다면 그럴 리 없어. 죄사함이 '즉각적'이듯 진정한 용서도 은혜로 말미암아 '즉각적'인 거야. 피해자가 진정한 신앙인이라면, 그리고 그가 하나님께 진심으로 간구하는 기도자라면, 가해자가 그 어떤 심각한 죄를 지었을지언정 '온전히' 용서해야 하는 거야. 많은 '성도'들이 이렇게 말할 것이다. 나 역시 기독교인으로 살면서 가장 많이 들어온 말이기도 하다. 교회는 '죄사함 받은 이들이 누리는 기쁨'과 '용서의 기쁨을 아는 성도들'로 가득한 '은혜의 공동체'라고 말이다.

하지만 그건 결과적 상태일 뿐, 가해자와 피해자 사이에는 언제나 '충분한' 참회와 '충분한' 용서의 시간이 필요한 법이다. 하나님은 비록 즉각적인 용서를 베푸시는 은혜의 하나님일지언정, 사람은 많은 경우 진정한 참회와 진정한 용서에 이르기까지 충분한 시간이 필요하기 때문이다. 평신도였더라도 쉽게 이해가 되지 않을 강간, 횡령, 사기, 공문서 위조 등의 심각한 범죄를 저지르고도, 강단에 서서 공개 회개 한 번 하고 나서는 죄사함의 감격을 자랑스레 간증거리로 삼는 목회자들의 이야기를 접할 때마다, 그러고서 얼마 되지 않아 다시 지도자의 자리에 서고 설교와 훈계하기를 당당히 하는 모습을 볼 때마다, 심지어는 더욱 '뻔뻔하게' 하나님도 용서해 주신 자신의 죄를 감히 인간이 용서하지 않고 기억하고 상심한다는 이유로 신앙심 부족을 지적하는 어이없는 경우를 볼 때마다, 난 정말이지 교회가 과연 '은혜의' 공동체인지 '뻔뻔함'의 공동체인지 의아할 때가 있다. 맨 정신에 어찌 다시 강단에 서며, 맨 정신에 어찌 상대방의 얼굴을 그리 떳떳하게 대하며, 맨 정신에 어찌 훈계하는 자세를 가질 수 있을까 싶은 일들이 한두 경우이던가! 진심 어리게, 눈물 뚝뚝 흘리며 '미안하다' '잘못했다' '난 지금 이 자리에 있을 자격이 없다' '아주 오래 겸허하게 기도하며 하나님 안에서 나를 먼저 다스리겠다' '당신이 용서할 마음이 생길 때까지 겸허히 기다리겠다' 그리고 백하고 내려놓고 자중해도 시원찮을 상황에, 너무 빨리 너무 쉽게 '죄사함' 받은 은혜의 감격으로 고개를 빳빳하게 들고 나서는 그리스도인들을 지면으로, 면대면으로 대하다 보니 문득 그런 생각이 든 거다.

인간의 용서가 어찌 쉬울까. '일곱 번씩 일흔 번이라도 용서하라'는 예수의 권고는 '무한 용서' '즉각 용서'의 메시지보다는 어쩌면 쉽게 용서가 안 되는 인간의 약함을 아시기에 자꾸자꾸 기도함으로, 하나님 은혜에 힘입어 용서를 '연습'하고 '체화'하라는 상당히 인간적인 메시지가 아니었을까? 그리고 그건 명백히 '용서할 위치'에 있는 피해자에게 전하신 메시지다. 그걸 '악용'하여 죄지은 입장에서 성경 구절입네 인용하며 오히려 '뻔뻔하게' 용서를 주장하고 종용할 일은 아니지 싶다.

교회는 '죄인들의 공동체'가 맞다. 그러나 회개하고 다시는 이전의 죄된 삶을 살지 않겠다고 돌이킨 '거듭난 죄인들의 공동체'다. 그 진심과 신앙의 결단을 보시고 모든 죄를 용서하신 하나님으로 인하여 비로소 '거룩한 신자들'로 인정받은 '은혜의 공동체'다. 때문에 절대로 자신이 경험한 은혜의 감격을 상대를 향한 당당함(혹은 뻔뻔함)으로 혼동해서는 안 된다. 그간 그러한 혼동으로 우리가 두 번 세 번 상처 입혔을 사람들을 떠올리며 자중하고 기다리는, 그리고 그런 죄인들을 용서하고자 인간적으로는 도저히 안 될 마음을 일곱 번씩 일흔 번이라도 먹어보는 그런 '은혜의 공동체'가 교회의 이름이 되기를 기도하고 소망한다.

교회는
뻔뻔함의 공동체가
아니다

교회는 배제하는 공동체가 아니다

'가톨릭'(Catholic)은 '보편'이라는 뜻이다. 배제되거나 예외가 없는, 모두에게 적용되고 모두가 포함되는 그야말로 유니버설(universal)한 것! 난립하는 신앙 고백들과 갈등하는 교회 분파들을 하나로 통합하고자 했던 고대의 기독교 교회는 '가톨릭교회', 즉 하나의 보편 교회를 선포했던 것이다. 하나님이 한 분이시고 그리스도가 한 분이시듯 교회도 단 하나라고…. 그러나 가톨릭교회는 그 발전 과정에서 주장대로 모두를 포함하는 보편성을 보이지는 못했다. "이교도를 죽이는 것은 천국으로 들어가는 지름길"이라고 선포하며 신앙심 깊은 개인들을 십자군 전쟁으로 몰아넣었던 중세 말기의 가톨릭은 분명 '보편'과는 거리가 먼 모습이었다.

개신교교회 역시 '우린 가톨릭이 아니니까' 안심하며 마음 편할 수 없는 역사를 가졌다. 뉴잉글랜드에 거룩한 신의 도성을 짓겠다는 경건한 욕망으로 가득 찼던 청교도들은 조상 대대로 그곳이 삶의 터전이었던 '인디언'(이도 얼마나 자기중심적인 명명(命名)인가? 그곳이 인도가 아닌 것을 알았다면 즉시 고쳤어야 할 이름이다.)들을 죽여서라도 그 땅을 점령하는 것이 '하나님의 뜻'이라고 믿었다. 인디언들을 죽일 신적 소명을 말한 청교도 설교가가 적지 않았으며, 그 명령에 '순종'하여 일생 수많은 인디언들을 죽이고 그 숫자를 묘비명에 자랑스럽게 기록한 신자들의 사례도 있다. 그러나 새로운 땅에 대한 자신들의 욕망을 위해 그곳에서 나고 자란 사람들을 배제하는, 아니 아예 깨끗하게 청소하는 것이 '보편'일 리는 없다.

그거야 다 과거에 저지른 역사적 잘못일 뿐이다. 이제 기독교 교회는 모든 인간을 존중하고 만인의 평등을 주장하는 '보편' 교회로 성장했다. 그리 안도하고 싶으나 실은 모르는 일이다. 우리는 또 어떤 방식으로 누구에게 폭력을 행사하고 누구를 배제하고 누구의 삶을 위협하고 있는지… 우리가 존재론적으로 어떤 상황인지 쉽게 견적도 예측도 힘든 오늘날의 '글로벌' '하이테크' 세계에서는 누가 배제되고 누가 부당하게 취급받는지를 알아내는 일조차 어렵기 때문이다. 독일의 사회학자 울리히 벡의 말대로 그야말로 '위험사회'다. '이교도'의 이름으로 이웃 종교인들에게 폭력을 행사하고, '인디언'이라 부르며 본토인들을 몰아내고 죽인 것은 누가 가해자고 누가 피해자인지 금세 알 일이지만, 우리가 살아가는 최첨단 과학 기술, 글로벌 금융자본주의의 복잡한 그물망은 우리가 직면한, 혹은 우리가 누군가에게 부과한 위험이 무엇인지조차 가늠하기 어렵게 만들었다.

　내가 무의식적으로 그리고 비자발적으로 잠재적 가해자가 되어 있으면 어쩌나? 그러고도 까마득히 모른 채 인류에, 뭇 생명에 '보편'적인 기독교의 복음을 말하고 있노라 자신하고 있는 것이라면? 이런 고민을 하던 즈음 원자력 발전과 핵 문제를 주제로 학교 캠퍼스에서 두 차례 학술대회를 가졌다. 2011년 후쿠시마 원전 사태 이후, 생명과 평화를 신앙적·신학적 화두로 삼아야 하는 신학자들의 시대적 과제지 싶어 여러 선생님들이 준비한 행사였다. 특히 한국여성신학회에서 준비했던 행사는 실무진이었던지라 이래저래 관심이 남달랐다.

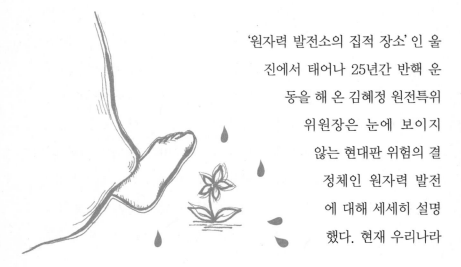

'원자력 발전소의 집적 장소'인 울진에서 태어나 25년간 반핵 운동을 해 온 김혜정 원전특위 위원장은 눈에 보이지 않는 현대판 위험의 결정체인 원자력 발전에 대해 세세히 설명했다. 현재 우리나라

에는 부산 고리에 5기, 경북 울진에 6기, 경주 월성에 4기, 그리고 전남 영광에 6기의 원자력 발전소가 있단다. 후쿠시마를 겪고도 '이에 위축되지 말고 재도약의 기회로 삼자'고 선언을 한 정부를 둔 덕택에 우리나라는 원자력 발전소를 줄이기는커녕 새로 더 갖게 될 상황이란다.

문제는 핵에너지를 얻는 과정에서 발생하는 플루토늄, 세슘, 크세논, 스트론튬 등의 방사선 물질이다. 이 물질들이 지구의 생태계를 해치지 않을 만큼 독성이 사라지는 데는 적어도 10만 년이 걸린단다. 그 기간 동안에는 지구 생태계로부터 완전히 격리시켜야 한다는 것이다. 플루토늄 백만 분의 1그램은 공기 중 흡입만으로 폐암을 유발한다나. 만약 발전소가 폭발하면 반경 30킬로미터 이내의 생명은 살아남는 것이 오히려 더 끔찍할 정도로 무서운 방사능 피해를 입게 된다는데, 원전이 가장 많이 몰려 있는 고리의 경우 그 반경 이내에 320만이 살고 있고, 월성은 백만 명이라 하니, 이쯤 되면 용감한 것인지 무지한 것인지 도통 헷갈린다.

들으며 가장 가슴이 아팠던 것은 고리, 월성, 울진, 영광 등을 원자력 발전소 부지로 선택한 이유였다. 수도권에서 가장 멀 것, 가난하고 별 볼일 없는 사람들이 있는 공간일 것, 그리고 민도가 낮아 위험한 것인지 모르는 사람들이 사는 곳일 것. 문서에 박아놓은 것은 아니었겠지만, 처음 이 지역들이 지목된 이유라 한다. 가장 주변, 가장 가난한 곳, 가장

무식한 사람들… 한마디로 찍소리 할 힘도 지식도 없는 민초들의 땅에 이 무시무시한 시설들을 집중시켰다. 원전 집적도로 따진다면 세계 원자력 10대 국가 중 우리나라가 일등이란다. 주변이고 가난하고 배움이 짧은 이들의 공간이라면 이는 민중신학적 정의로는 하나님의 자리다. 하나님이 가장 관심하시고 시선과 사랑을 거두지 않으시는 사람들이 거기 살고 있기 때문이다.

물론 정부와 전문가는 안전을 말한다. 핵연료 생산 과정은 말할 것도 없고, 우리의 놀라운 과학 기술은 안전하고 깨끗한, 그야말로 무색, 무취, 무독성의 핵폐기물을 남길 뿐이라고 말이다. 방사능이 무색이고 무취인 것은 맞다. 그러나 과연 무독성일까? 아무도 서울에 핵 발전소를 짓겠다는 사람은 없지 않은가! 핵폐기물을 시청 앞 광장에 묻겠다고 해보라! 정말 무독성이요 위험하지 않다면 서울시청 앞에 못 묻을 이유가 무엇이고, 잘 사는 나라들이 자기 나라에서 나오는 핵폐기물을 굳이 제3세계, 가난한 땅에 묻으려는 이유가 무엇일까.

볼 수도 예측할 수도 없으며, 누구에게 어떤 방식으로 다가오는지 모르는 오늘날의 위험들은 종종 전문가들이나 권력자들에 의해 조작되고 은폐된다. 그들 사이에 암암리에 통용되는 원칙이 있다. "위험은 가능한 한 사전에 예방되어야 한다. 예방될 수 없는 위험이라면 알려지지 않아야 한다." 대중에게 알려지지만 않는다면 자신들은 그 위험으로부터 안

전할 거라 믿으며, 위험을 생산해서라도 자신의 부와 권력을 증대시키려는 이들을 향해, 울리히 벡은 그리 경고했었다. 위험은, 부메랑처럼 돌아오는 거라고!

사실 이 땅에 존재하는 만물을 지으신 '창조주' 하나님의 시선에서는 어찌 배제되는 이가 있고 덜 중요한 존재가 있으랴. 원자력 발전소가 생겨도 되는 공간, 핵폐기물을 묻어도 되는 동네, 방사능의 위험에 노출되어도 괜찮은 인간, 최악의 경우 이 땅에서 사라져도 별 지장이 없는 '하찮은' 생명, 숲 하나가 통째로 날아가도 상관없는 '미물'은 하나님 사전에 '없다.' 조물주 하나님에게는 그 모든 생명이 공평하게 사랑스럽고 소중하고 귀하다는 것, 그게 기독교가 말해야 하는 '복음'이요 '보편' 주장이라고 믿는다.

하나님이 지으신 세상은 '자연'(自然)스러워야 아름답다. 또한 그래야 정의롭다. 창조 원리에 맞춰 스스로 생명을 발산하며 살아가는 자연의 순한 흐름에 오직 인간만이, 그중에서도 소위 잘났고 경쟁력 있다는 인간만이 이를 '거스르고' 있는 듯하다. 풍력 발전, 태양열 발전, 하나님이 주신 자연의 힘을 가지고도 얼마든지 에너지를 만들어 낼 수 있는 과학 기술과 재력을 우리는 이미 가지고 있다는데… 그 시설을 짓는 데 드는 초기 비용은 시간이 가면 갈수록 '본전을 뽑게' 되어 있다는데… 유지 비용이 점점 천문학적으로 늘어가는 핵 발전소와는 상반되는 조건이라는데… 왜 하나님이 만드신 자연의 힘을 배제하려는 건지. 우라늄은 하나님이 만드신 천연 원소지만, 인류는 그 우라늄에서 하나님이 창조하시지 않은 플루토늄을 만들어 냈다. 자신에게는 물론 후손의 후손, 그 후손… 십만 년까지 대대로 생명에 해악을 끼칠 위험을 말이다. 그렇게 미래의 생명까지도 배제하고 위협하면서….

　교회가 정녕 '보편'을 말한다면, 그리고 '보편'이 되려 한다면 '정치·경제·문화·교육계 저 높은 자리에 올라라' 그런 가르침보다, '기독교 정당 만들어서 기독교적 가치를 공공화해야 한다'는 특수 이익을 말하기보다 더 시급한 설교가 있지 싶다. 반핵 운동만이 '보편'이라는 말이 아니다. 우주 생명을 지켜 내는 일, 그 생명간의 차등 없는 보편적 안전을 확립하는 일, 무엇보다 하나님의 창조세계 자체를 보전하는 일. 이를 위한 지금 우리 삶의 현장에서 가장 시급하고, 가장 구체적이며, 가장 가까운 이야기들을 공론화하고 실천해야 오늘의 교회가 '보편'을 지향한다고 말할 수 있지 않을까? 결국은 이 우주가 하나의 큰 보편 교회다. 이 안에서는 배제되고 소외되고 차별되는 생명이 없어야 한다.

3부 교회가 이웃을 사랑하는 법

교회, 서로를 건설하는 사람들

"미안해 소영아! 이번 주는 안 돼. 토요일은 우리 속회 주방 봉사 담당이고, 주일 오후에는 특강 오시는 목사님 다과 준비를 해야 하거든."

친한 대학 동창인데도 못 본 지가 반년은 되는 것 같아 모처럼 전화를 걸었다가 딱지를 맞았다. 사십대 초반. 대학 졸업하자마자 결혼해서 전업주부로 아이 둘 낳아 길러온 동창은 이제 어느 정도 육아의 부담을 덜며 생긴 시간을 온통 교회에 쏟아 붓고 있었다. 2~3년 전부터 유난히 교회 봉사에 열심을 내었는데, 요즘에는 집에 있는 시간보다 교회에 가 있는 시간이 더 많다고 종종 남편의 불만을 듣는다고 한다. 그래도 일년 삼백육십오 일 반복되는 가사 일에, 하루 종일 우두커니 남편과 아이들이 돌아오기만을 기다리고 있는 것보다 훨씬 의미 있고 신나는 일이라 양보하기 힘들단다. 충분히 이해가 가는 부분이다.

군이 고대 철학자 이름을 들먹이지 않더라도 사람은 자고로 '사회적 동물'이 아니던가. 활발하던 동창이었다. 대학 시절 동아리 활동도 열심이었고, 친구들 모임에서도 늘 주도적이고 아이디어가 많은 친구였다. 그런데 졸업 이후 곧바로 결혼한 동창은 이후 십여 년이 지나도록 소식 한 번 듣기 힘들었다. 그나마 몇 달에 한 번 이렇게 소식이라도 전하고 가끔 만나기라도 하게 된 건 얼마 되지 않는다. 그래도 그동안 난 학교도 나가고 일도 하고 그랬지만, 내 동창은 자기표현대로 그야말로 쭉 '밥순이'였다.

"내 얼굴이 밥으로 보이나 봐. 남편도 아이들도 나를 보면 하는 이야기가 다 그래. 엄마, 밥! 여보, 나 아직 밥 안 먹었어."

그렇게 십수 년을 지내다 교회를 가니 대접이 달랐다. 잃어버렸던 이름도 다시 찾았다. "*** 집사님" 아버지가 예쁘게 지어 주셨던 내 이름이 이리 공공장소에서 불린 지가 언제던가? 늘 아무개 엄마로 불리며 사느라 잊었던 이름도 다시 찾았고, 교회 공동체에서 인정을 받는 직함도 생겼다. 지난해부터는 새댁들로 이루어진 한 구역을 인도하는 속장도 맡게 되었는데, 자신을 리더로 대하는 속회원들과 지내다 보니 언뜻 대학 시절 동아리 리더였던 자신의 모습을 되찾은 듯 기쁘더란다. 그래서 제대로 신이 난 거였다. 자신을 그저 '밥하는 여자' '빨래하고 청소하는 여자' '편리를 제공해 주는 여자'로만 여기던 집안 식구들과는 다른 시선, 다른 기대, 그리고 교회 공동체적 인정이 내 동창을 살맛 나게 하고 있었다.

그래서… 충분히 이해는 되었다. 그녀의 기쁨도, 그녀의 만족도도. 그러나 한편으로 나는 그녀가 사회적 만족감을 느끼며 참여하는 일들에 오롯이 담긴 성차별적 제한이 사뭇 걸려 마음이 쓰였다. 친구가 속한 여선교회의 주일 점심 순서가 되었기 때문에 하루 일찍 교회 주방에 나가 음식 준비를 하느라 바쁘다 했다. 들어 보니 주방 음식 준비는 여선교회에서 순번제로 돌아가며 맡고 있다 한다. 요즘은 가끔 가족 단위로 남녀노소 구성도 다양하게 엮인 구역회별로 식당 봉사를 하는 교회들도 등장했지만, 아직까지 대세는 여선교회다. 어디 토요일만 바빴으랴. 주일에는 오전 예배를 드리고 11시 대예배 시간에는 주방에서 분주했을 거다. 점심 먹고 설거지까지 하면 오후 2~3시는 훌쩍 넘겼을 일이다. 그리고 저녁 특강을 하시는 목사님께서 한 시간 전쯤 미리 오셔서 담임 목사님과 이야기를 나누신다며 오후에 다과 대접을 준비한다고 했다. 한참 신난 동창에게 찬물을 끼얹기 싫어 결국 그녀에게 입을 떼지 못했지만, 난 참으로 속상했다. 집에서 밥하고 빨래하고 청소하는 게 지겹고 우울해서 사회 활동 해 보겠다는 마음인데, 기껏 교회 가서 하는 일이 또 다시 밥하고 다과 준비하는 것이란 말인가?

요즘 교회 특강을 많이 다닌다. 다니는 교회마다 다과 준비를 위해 일찍 나오신 여선교회 임원들이 모두 놀라신다. "어머, 여자 강사님이시네? 처음이에요. 신기하다." 대략 이런 반응들을 보이고 예쁘게 깎은 과일과 차를 너무나 공손히 내려놓고 나가시는 거다. "같이 앉으세요." 하면 화들짝 놀라 얼른 담임 목사님 눈치부터 살피신다. 민주적인 목사님의 경우 얼른 화답하며 자리를 마련해 주시기도 하지만, 대부분은 아주 짧게 스쳐 지나가는 찡그림을 센스 있게 잡아낸 여선교회 임원들이 알아서 자리를 떠나기 마련이다. 성실하고 신앙심 깊은 그녀들은 목사님의 편의를 위해 '보조자'로 존재할 뿐 교회 전반에 대한 이야기를 강사에게 들려주고 이번 특강에서 기대하는 바를 나눌 수 있는 '공적 주체'로서의 기회를 부여받지 못한다.

사랑과 봉사, 그리고 자기희생! 분명 교회는 이런 가치들을 덕목으로 여기는 신앙 공동체다. 그러나 어느 특정한 성별의 사람들에게 제한적으로 부여된 특정 역할의 봉사와 희생을 통해 유지되는 공동체라면 그건 예수께서 세우신 바른 모습의 교회는 아닐 것이다. 성서신학자 게르하르트 로핑크는 교회의 이름을 '서로가 함께'라 명명한 바 있다. 성서학자로서 신약의 복음서와 사도서신들을 살펴보니 교회 공동체와 관련하여 가장 많이 쓰인 표현이 '서로가 함께'더라는 것이다.

"서로 앞장서서 남을 존경하십시오. 서로 합심하십시오. 서로 받아들이십시오. 서로 충고하십시오. 서로 거룩한 입맞춤으로 인사하십시오. 서로 기다리십시오. 서로를 위하여 같이 걱정하십시오. 서로 사랑으로 남을 섬기십시오. 서로 남의 짐을 져 주십시오. 서로 위로하십시오. 서로 건설하십시오. 서로 화목하게 지내십시오. 서로 선을 행하십시오. 서로 사랑으로 참아 주십시오. 서로 친절하고 자비로운 사람이 되십시오. 서로 순종하십시오. 서로 용서하십시오. 서로 죄를 고백하십시오. 서로를 위해 기도하십시오." (로핑크, 『예수는 어떤 공동체를 원했나』 170쪽)

상호대명사 '서로', 여기에 교회 공동체의 답이 있다는 것이 로핑크의 주장인데, 그 글을 읽으며 "아하!" 무릎을 쳤던 기억이 있다. 나는 특히 수많은 '서로' 중에서 데살로니가전서 5장 11절 말씀 즉, "서로 건설하십시오"가 교회의 본질을 가장 잘 설명한다고 생각한다. 오이코도메오, '건설하다'는 뜻의 이 단어는 성서에서 언제나 공동체의 건설과 관련하여 이야기 되었다. 세상의 많은 지도자들은 공동체의 유지와 건설을 위해 누군가는 희생과 봉사를 담당해야 한다고 말해 왔다. 그 '누군가'는 예전 신분제 사회에서는 노예들이었고, 지금 자본주의 사회에서는 노동자일 터이다. 그리고 예나 지금이나 오천 년을 이어 온 가부장제 사회에서 그 '누군가'는 여자들이다. 행복하고 여유롭고 따뜻하게 명절을 나는 가족 공동체가 있기 위하여 '누군가'에 해당하는 여자들은 삼사일 전부터 김치 담기를 비롯하여 많은 수고를 해야 한다. 그녀들이 상머리에 앉을 새도 없이 바삐 움직여야 가족은 따듯한 국과 밥을 제때 먹을 수 있으며, 식사가 끝난 뒤 때맞춰 이어지는 과일을 즐길 수 있다.

교회도 마찬가지다. 대예배 시간에 주방에서 분주히 움직이는 여신도들이 있어야 곧장 이어지는 아름다운 친교가 가능한 일이다. 나 하나 희생해서 이리 즐거우니 뿌듯한 것 아닌가, 그리 고운 마음 가져보는 것도 나쁘지는 않겠으나 분명 이것은 '서로를 건설하는' 방식은 아니다. '누군가의 희생과 봉사를 통해' 공동체가 유지되는 방식일 뿐!

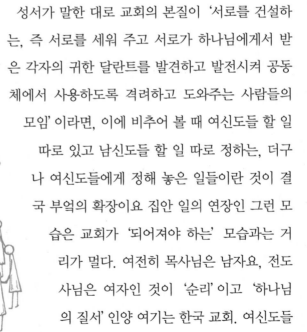

성서가 말한 대로 교회의 본질이 '서로를 건설하는, 즉 서로를 세워 주고 서로가 하나님에게서 받은 각자의 귀한 달란트를 발견하고 발전시켜 공동체에서 사용하도록 격려하고 도와주는 사람들의 모임'이라면, 이에 비추어 볼 때 여신도들 할 일 따로 있고 남신도들 할 일 따로 정하는, 더구나 여신도들에게 정해 놓은 일들이란 것이 결국 부엌의 확장이요 집안 일의 연장인 그런 모습은 교회가 '되어져야 하는' 모습과는 거리가 멀다. 여전히 목사님은 남자요, 전도사님은 여자인 것이 '순리'이고 '하나님의 질서'인양 여기는 한국 교회. 여신도들

은 교회의 봉사하는 손일뿐 교회 사역을 기획하고 교회교육을 주도하는 리더로서의 통로가 제한된 한국 교회는 삼십대 후반 이후 교회로 몰려드는 한국 주부들의 사회적 욕구로부터 손쉽게 일손을 얻을 뿐이다. 정작 그녀들의 열정이 무엇을 의미하는지 외면한 채 말이다. 공사 이분법의 구조 속에서 반짝반짝 재능 있던 수많은 여인들이 밥순이가 되었는데, 하나님 닮아 지니고 있는 귀한 재능들을 다시 찾아내고 살려 내는 일을 교회가 해야 하지 않을까? 그렇게 '서로를 함께 건설해 가는' 공동체여야 하지 않을까? 내가 기억하는 한, 내 동창은 주방 일과 다과 준비보다 더 나은 재능을 가지고 있었다.

이웃을 향하여 '열린' 교회

영화는 항상 한 템포 늦게 감상하게 된다. 혼자서 청승맞게 영화관에 가 앉아 있기도 그렇고 또 어둡고 막힌 공간을 싫어하는 터라 소문난 영화는 DVD나 다운로드파일 구매가 가능해진 뒤에야 보기 때문이다. 해서 교훈과 재미를 갖춘 한국 영화라는 입소문을 미리부터 들어왔음에도 〈완득이〉라는 영화 역시 근간에야 보게 되었다.

그간 상영된 영화들마다 기독교인이나 교회에 대해 희화하거나 비판적인 모습을 많이 담았던 터라 '교회 전도사'인 고등학교 사회선생님이 등장한다는 정보에 겁부터 먹었다. 더구나 그 교사가 욕을 밥 먹듯 한다는 홍보 문구는 나를 더욱 긴장시켰다. 짧게 보여 준 예고편 장면에서 주인공인 남학생은 예배당에 앉아 간절하게 하나님께 기도를 드리고 있었다. "하나님, 똥주(담임 선생님 이름) 좀 죽여 주세요!" 오죽 괴롭혔으면

반 학생이 그리 기도를 할까!

　그러나 기우였다. 영화에서 그려진 이동주 선생은 비록 거칠고 무례한 듯 보이지만 실은 진심으로 한 영혼을 사랑하는 복음 전도자였다. 그의 입에서 단 한 번도 종교적 표현이나 경건한 언어가 흘러나오지는 않았지만, 그의 삶과 그가 섬기는 교회는 사회로부터 소외되고 배제되고 갈 곳 없는 사람들을 품어 안는 진정한 기독교의 모습을 보여 주고 있었다.

　영화의 주인공 '완득이'는 5일장이나 클럽에서 우스꽝스러운 춤을 추며 살아가는 꼽추 아버지, 그리고 피 한 방울 섞이지 않았지만 그런 아버지를 죽어라 따르는 지적 장애자 삼촌과 살고 있는 기초수급자 고등학생이다. 반 성적은 바닥이요 아버지를 지키다 어느덧 힘만 세진 주먹으로 못마땅한 사람들, 아니꼬운 사람들을 나름 응징해 가며 살다 보니 소위 '문제아'로 분류되어 버린 그런 아이였다.

　비주류, 주변인, 소외된 청춘… 그냥 그렇게 삶의 패턴이 정해졌지 싶던 완득이였는데, 2학년 담임 이동주 선생님을 만나면서 그의 일상이 제대로 꼬여 버렸다. '똥주' 때문에 아버지 직업도, 기초수급자인 것도 반 아이들이 다 알아 버렸다. 알리고 싶지 않은 것들만 드러내나? '똥주' 선생은 완득이가 알고 싶지 않은 사실까지 전했다. 완득의 엄마는 필리핀 사람이며 한국에 살고 계시고 아들이 그리워 만나고 싶어 한다고 말이다. 알고 보니 동주 선생은 이주노동자들의 인권을 위해 일하면서 자신이 섬기는 교회를 그들을 위한 '열린' 공간으로 삼고 있었다. 그 과정에서 완득이의 어머니도 알게 되었나 보다. 그렇게 동주 선생은 세상의 바깥에서 맴돌던 완득이를 세상 한가운데로, 인간관계 안으로 불러들이고 있었다.

건달 같은 전도사님에, 아무나 보고 '자매님' 하는 어눌한 인도 아저씨 핫산이나, 알록달록 인종도 다양하게 드나드는 교회를 보며 완득이는 "여기가 교회 맞느냐"고 항의해 보지만, 동주 선생은 당당하게 말한다. "여기 봐라! 십자가 있고 믿음 소망 사랑 써 있고… 교회 맞잖아?" 하지만 그나마 '있을 것 다 있어' 교회로 봐주려 했던 동주 선생의 교회는 얼마 되지 않아 '다문화 가정을 위한 문화센터' 간판을 달더니만 어느 날엔가는 댄스 교습소로 변해 버렸다. 때로는 학습 공간으로, 혹은 공동체 식당으로 그 용도를 마구 달리하는 '이상한' 교회! 거룩하게 성경책을 옆에 끼고 설교자로 강단에 서 있기는커녕, 사람들에게는 판을 벌려 놓아 주고 자신은 구석에서 막 시작한 연애에 신나 여자 친구와 이어폰 나눠 끼고 좋아라 웃는 동주 선생을 보고 있노라면 '경건' 과는 참으로 거리가 먼 모습이지 싶다.

그런데 신기하게도 '다기능 복합 공간' 이요 무한히 '열린' 동주 선생네 교회에서 난 진정한 교회의 모습을 보았다. 진정한 크리스천의 모습도 보았다. 나뿐만이 아니었던 것 같다. 영화 〈완득이〉를 보고 난 많은 사람들, 특히 기독교에 부정적 감정을 가졌던 비기독교인들이 그런 교회의 모습을 긍정적으로 평가하는 이야기들을 말로 글로 전한다.

어찌 거룩하게 예배드리는 공간에서 카바레 댄스를 추나! 불법 체류자인 것을 뻔히 아는 사람들을 어찌 형제님, 자매님 하면서 반가이 맞아들이나! 그러다 교회가 온갖 범법자들로 넘쳐 나면 그 상황을 어찌 해결할 건가! 댄스 교습소로 변한 교회는 영화 속 이야기일 뿐 일반화는 힘들다, 그리 생각하는 기독교인들도 꽤 될 것이다.

그러나 정말 그럴까? 교회는 합법적인 사람들, 반듯한 사람들, 도덕적으로 결함이 없는 사람들, 사는 삶이 바람직한 사람들만이 모이는 '거룩한' 성도들의 모임인 것일까? 행여 일주일 내내 허접한 옷에 먼지투성이 헝클어진 머리로 살았더라도 거룩하신 하나님을 만나러 가는 마당이니 새 옷 입고 깨끗하게 몸단장하고 가야 하는 '일상 밖의' '분리된' 공간일까?

지난 여름이었나? 주일 예배를 드리러 가는 길에 슬리퍼를 신고 예배드리러 가다가 된통 혼나는 아이들을 보았다. 더운 여름, 양말을 신기 답답했던 모양이다. 교회학교 선생님은 "어찌 하나님을 뵈러 오면서 그런 불량한 차림으로 오느냐" 훈계를 하고 계셨다. 유교권인 우리나라에서 반듯하고 정갈한 옷차림은 '예의'에 해당하는 일이고 더구나 하나님께 예배를 드리러 온다는 성스러운 목적까지 더해졌으니 바른 옷차림을 강조하는 것이 지나친 일은 아니다. 하지만 내가 잘못된 사고방식을 가진 것인지, 난 그 아이들이 그래도 신통했다. 중·고등학생이 학교 안 가는 '휴일' 아침에 오락실, PC방, 노래방에 가지 않고 교회로 쫄레쫄레 온 것도 신통하고, 그 삼복더위에 시원한 쇼핑몰 찾지 않고 땡볕 맞으며 지하철역에서부터 족히 10분은 걸어야 할 그 길을 열심히 걸어 교회 온 것이 또 신통했다.

틀렸다 하는 이도 있으리라. 아이들 그리 풀어 키우고 오냐오냐 키우면 안 된다 핀잔하는 이도 있으리라. 그러나 교회는 '우선적으로' '그 어떤 상태의 사람이라도' '무조건 받아 주고 환영하는' '열린' 공간이어야 한다고, 적어도 나는 그리 믿는다. 예수께서 창녀와 세리들과 어울렸다는 이야기가 이천 년 전 먼먼 나라 이야기고 성경 속 에피소드로만 생각되면 곤란한 일이다. 사소하게는 슬리퍼 신었다고 입장 불가, 나아가 노숙자 안 되고, 미성년 미혼모 안 되고, 불법 체류자 안 되는 그런 '닫힌' 공간이 교회의 이름일 리 없다.

자고로 '우리' 그룹을 정하고 거기 속하지 않는 '바깥'을 만들어 온 것이 세상의 공동체 문화다. 나라는 저마다 '자국민'을 정하고 거기 속하지 않는 이들을 '외국인'으로 분류하며 불이익을 주기도 하고 배타적으로 대하기도 한다. 학교도 '우리' 학교 학생을 정해 놓으면 '타' 학교 학생은 바깥으로 분류된다. 그나마 효율성을 위해 행정 기능상 분류하는 이런 '우리 그룹' 말고도 세상에는 '우리'와 '그들'을 나누는 수많은 배타적 그룹핑(무리 짓기)이 존재한다. 직업 따라, 수입 따라, 사는 형편 따라 우리는 무수한 '우리 그룹'을 만들고 거기 속하지 않는 사람들을 '바깥'으로 분류한다. 그게 세상의 논리요 세상의 방식이다.

그러나 예수 그리스도의 공동체는 '바깥'이 없는 공동체였다. 비록 '부자가 하나님 나라에 들어가는 것은 낙타가 바늘귀를 통과하는 것보다 어렵다' 경고하였으나, 이는 하나님 나라의 희년의 질서를 깨닫고 그 질서에 참여함을 기뻐하는 부자에게는 해당되지 않는 이야기였다. 예수의 하나님 나라는 우주적 공동체이고 열린 공동체였다. 사회적 약자와 소외된 자들의 친구가 되고자 결단하는 사람이라면 권력자도 부자도 '마리아 찬가'나 '나사렛 선언'의 위협에서 자유로웠다. '왕이 왕좌에서 끌어내려지고 부자는 빈손으로 쫓겨 돌아간다'는 마리아의 노래는 권력자와 부자에 대한 저주가 아니라, 오히려 권위 나눔과 소유 나눔에로의 적극적인 초청이었다. 눈 먼 자가 눈을 뜨고 억압받는 자가 해방을 얻는다는 '희년'(禧年)을 노래한 예수의 나사렛 선언 역시 하나님 나라 질서의 보편적 도래를 위해 함께 일하자는 초청이었다. 힘없는 사람, 약자들, 가난한 사람들, 굶주린 사람들, 억압받는 사람들과 삶을 함께 하라는 하나님의 부르심이었다. 그들과 신명나게 어울리는 공동체로 살아가라는 권고였다. 이를 안 삭개오는 복음을 들은 기쁨에 자신의 집을 열린 공동체로 만들었고, 이를 모른 부자 청년은 근심하며 집으로 돌아갔다고 성서는 기록한다.

주일에 한 번, 자주 사용해야 수요예배, 금요기도회 정도로만 사용하는 교회 건물을 이웃에게 열어 놓을 수는 없을까? 낙태 금지하는 생명윤리 가르치고 혼전 순결 강조하는 언약식과 같은 예방책도 좋지만, 어린 나이에 자신의 실수를 책임지겠다는 용기 있는 결정을 한 대가로 학업과 생계의 압력 속에 육아가 버거운 미혼모들을 품을 수 있는 열린 공간이 '교회'였으면 하고 소망해 본다. 학원 갈 돈도 없고 집에 가도 반겨 주는 어른이 없어 방과 후 길거리를 헤매며 노는 빈곤계층 청소년들에게 배불리 먹고 신나게 놀고 알차게 배우는 공간으로서의 교회가 날마다 열려 있다면 얼마나 좋을까? 추운 겨울 누울 자리 없어 칼바람 매서운 지하철 입구가 그나마 안식처다 여겨져 몰려드는 노숙자들에게 교회가 따뜻한 잠자리를 제공할 수는 없을까? 인적 자원, 공간, 금전력 다 있는데 못할 일이 무엇인가? 우리 아이들이 나쁜 영향을 받으면 어쩌느냐고, 혹은 성스런 교회당이 더럽혀지면 어쩌느냐고, 없이 사는 이들 드나들다 물건이라도 도둑맞으면 어쩌느냐고 걱정하는 이는 필시 흙먼지 뒤집어쓰고 죄인들과 함께 하셨던 나사렛 사람 예수를 잊은 성도이지 싶다.

SNS 시대, 교회의 진정한 코이노니아는?

바야흐로 SNS 즉 소셜 네트워크 서비스 시대다. 페이스북이나 트위터, 카카오톡으로 국내는 물론 전 지구적으로 시간이나 공간의 제약 없이 소통을 하고 의견을 공유, 확산한다. 분명 우리 시대의 놀라운 문명적 성취다. 모두들 길을 가면서도 버스나 전철 안에서도 손가락 하나만 획획 제치면 따끈따끈한 실시간 정보들을 접할 수 있다.

이런 시대에 전화와 문자 기능 정도만을 보유한 '구닥다리' 휴대폰을 고수한다는 이유로 그간 난 지인들로부터 숱한 핀잔을 들어왔다. 시대에 뒤졌다는 비난이 일차요, 심하게는 이 시대 사회적 네트워크의 가능성과 효용성을 십분 활용해야 하는 직업(교수직)을 망각한 게으름이라는 지적까지 들어보았다. 조만간 지인들의 압력에 굴복하여 손때 묻은 '구식'과 이별을 고하고 겸허히 4G 휴대폰을 구입할지도 모를 일이다. 대학 강단에 서서 '4세대'인 청년층과 소통하려면 어쩔 수 없다는 '그럴 듯한' 이유를 붙여 가면서 말이다.

사실 스마트폰이나 아이패드 같은 이동 네트워크 기기들의 편리함은 한두 가지가 아니다. 사진이나 동영상의 품질이 웬만한 작품 사진이나 단편 영화 수준이라 하지, 문서 편집용 어플리케이션을 다운받으면 업무도 자유자재 어디서나 처리 가능하다. 덕분에 '책상이 지배한다'(bureaucracy)는 관료제 사회에서 많은 사람들이 '책상을 떠나' 거동의 자유를 누리고 있다. 비단 업무용 네트워킹만이 아니다. '소셜 네트워크'란 연결된 사람들이 뉴스나 게시물을 실시간으로 모두 공유할 수 있는 시스템인지라 감동도, 분노도, 환희도, 슬픔도 즉각적으로 그리고 대중적으로 전달 가능하다. 홍수 피해나 교통사고 상황을 실시간 전달하여 많은 시민들에게 편리함과 안전에 큰 도움이 되었던 일부터 국회에서 '도가니법'을 통과시키게 만든 여론 형성까지 소셜 네크워크 서비스는 그 압도적 힘을 과시하고 있는 중이다.

그 영향력이 기독 신앙인들을 비껴 갈 리 없다. 성서 본문을 언어별로, 버전별로 서비스하는 앱을 다운받아 언제 어디서나 말씀 묵상을 할 수 있다고 좋아하는 분들이 많다. 교회 목사님이 하신 주일 설교, 주중에 행해진 특강이나 주제 강연 등 동영상이 올라오면 아무 때나 들을 수 있으니 그 또한 편리한 일이다. 직장 일이나 가정 대소사로 부득이하게 예배나 집회에 빠진 성도들로서는 참으로 고마운 서비스다.

더구나 트위터나 페이스북은 교회 지도자들에게는 효과적인 말씀 전달의 수단으로 자리 잡았다. 점차 대형화되는 교회의 경우 담임 목회자가 청년들 개개인이나 교회학교 교사 한명 한명을 일일이 만나고 의견을 교환하기는 힘든 일이지만 SNS 덕분에 팔로어나 친구 맺기가 되어 있는 교우들과 실시간 댓글 달기, 의견 공유가 가능해졌다. 긴박한 기도 제목, 시급을 다투어 교회 구성원들이 함께 의견을 모으고 결정해야 하는 일들, 널리 전해져서 복음 전도의 일환이 되었으면 소망하는 정보나 묵상 문구들이 이 획기적 네트워크 시스템을 통해 즉각적으로, 광범위하게 전달된다. 작은 교회학교 어린이의 소박한 기도 제목부터 교회의 주요 행사까지 네트워크로 연결된 전 교인이 즉각적으로 공유할 수 있는 소통의 혁명기를 맞았다. 더 이상 일주일을 기다렸다 주일에 교회에 가서야 소식을 듣고 전하는 관계가 아니다. 교회에서 벗어나 일상생활을 살아가는 주중에도 속회원들, 교회학교 학생들, 여선교회 회원들과 지속적인 소통이 가능하며 이러한 온라인 소통을 통해 돈독해진 관계는 주일에 오프라인으로 만나게 되면 더욱 공고해지기도 한다. 진정 '코이노니아'(성도간의 교제)의 혁명이다.

쓰다 보니 'SNS 예찬론' 같이 되었다. 허나 솔직히 고백하면 나는, 사회는 물론 교회 안에서조차 몇 년 새 눈에 띄게 변한 이 'LTE급' 소통과 관계의 혁명을 지켜보며 긍정적인 측면보다는 우려하는 바가 더 큰 사람에 속한다. 물론 스마트폰이니 아이패드니 이런 이동 네트워크 기기들을 써 보지 않고서 왈가왈부할 자격이 없는지도 모르겠다. 그러나 주변에서 SNS를 적극적으로 사용하는 지인들이나 기사화된 이야기들을 통해 간접적으로 경험한 것들만으로도 충분히 나의 우려는 점점 더 자라나고 있는 중이다.

내가 우선적으로 걱정하는 것은 '관계의 추상성'이다. 안방에서도 목사님의 설교 말씀을 생생하게 듣고, 버스 타고 가면서도 구역장님의 신앙 간증을 쉽게 공유하는 기쁨! 그러니까 먼 거리의 사람들과 '온라인'으로 관계할 수 있음에 즐거워하고 실시간 올라오는 댓글에 반응하느라 신나는 동안, 정작 내 옆에 있는 '오프라인' 이웃을 간과할 가능성이 점점 더 커져 간다는 말이다. 거미줄처럼 길고 복잡하게 연결된 네트워크망 사이사이 살고 있는 진짜 사람들이 보이지 않게 될까 봐, 난 그게 걱정이다.

실제로 요즘 익숙하게 발견할 수 있는 거리 풍경은 기기 하나씩을 손에 들고 고개를 푹 처박고 온라인의 세상에 열중하는 '분리된' 개인들이다. 그것이 세속적 영상물이 아니고 '지난주 출장 가느라 못 들었던 우리 교회 목사님의 설교 말씀'이라 해도 나의 우려는 줄어들지 않는다. 옆에 누가 앉는지, 아니 옆에 누가 힘겨운 얼굴을 하고 숨을 몰아쉬며 무거운 다리로 겨우겨우 걷고 있는지 볼 겨를이 없기는 마찬가지기 때문이다. 교회는 모이는 기능보다 '흩어지는 기능'이 더 본질적이라 말했지만, 세상에 흩어져 하나님의 뜻인 '이웃 사랑'을 실천하며 살아가는 구체적인 코이노니아가 박탈당하는 느낌이 드는 것은 나의 지나친 예민함일까? 생생한 동영상을 감상하기 위해 주변 잡음 차단해 준다는 고성능 이어폰까지 끼고 나면 바로 옆에 있는 이웃과의 관계는 더욱 멀어진다. 웬만큼 큰 소리의 탄식이나 외침이 아니라면 쉽게 전달되지 않을 것이기 때문이다. '서로가 함께!' 교회의 이름이라 했던 그 관계성은 온라인상에서만, 팔로어들끼리만, 친구 맺은 사람들끼리만, 그러니까 손에 잡히지 않는 '먼 거리의 우리들끼리만'일 리 없는데….

소셜 네트워크 서비스가 흥행하는 이 문화의 한복판에서 그리스도인으로서 걱정하는 또 하나의 우려는 신앙인들조차 익숙해진 '반응의 즉각성'이다. 기다림의 상실이다. 사실 신앙인으로서 우리가 훈련해야 하는 여러 덕목 중에 주님의 시간, 주님의 역사하심을 기다리는 것만큼 귀한 것도 없다고 생각한다. "요즘 시절에 아브라함처럼 25년을 기다리라는 이야기냐" 따질지도 모르겠다. 시간을 거꾸로 돌려 고대의 시절로, 그 템포로 돌아가자는 이야기는 아니다. 그러나 모든 것이 너무 빠르다. 너무 즉각적이다. 'LTE급'이다. 하여 개인도 공동체도 되새길 여유, 제 안에서 갈등하고 고민하고 기도하며 하나님의 답을 기다릴 여유를 상실했다. 위로 아뢸 시간과 응답이 오기까지의 기다림의 여유를 상실한 채,

많은 경우 신앙인들의 고민과 언어들은 빠른 속도로 수평적 네트워킹을 통해 날아다닌다. 목회자와 성도 사이, 성도들 사이에 빠르게 반응하고 댓글을 달고 또 상대방의 반응을 확인하느라 바빠서, 사람들의 소리를 멈추고 위로부터 올 중재를 믿고 앙망하며(이게 '신앙'(信仰)의 문자적 뜻이다.) 기다리는 실천을 망각한 것은 아닌지….

인간들끼리의 과잉 접속! 나보고 병명을 붙이라 하면 그리 말할 것 같다. 하긴 이제는 의사들도 신종 병명을 만들었다고 들었다. 이른바 '정보피로증후군.' 마치 알코올이나 약물에 중독된 환자들처럼 네트워크 서비스에 연결되어 있지 않은 상태를 못 견뎌 불안해하는 증상이란다. 방금 접속했다 나왔는데도 그새 또 무슨 일이 생긴 건 아닐까 다시 인터넷이나 자신이 속한 네트워크망에 연결을 시도하고, 그러다 보니 일상의 일에 지장을 줄 만큼 피로해지는 병이지 싶다.

정도의 차이지 오늘을 사는 많은 사람들이 대부분 이런 불안과 피로감을 경험했을 터이다. 목회자라면 있을 법한 일인즉, 기도와 묵상을 통해 설교 준비를 성실히 하고 주일 설교를 마치고 나서 안식해야 할 월요일에, 교회 홈페이지 커뮤니티란을 체크하며 교인들의 반응을 일일이 살피며 울었다 웃었다 화냈다 감사했다 하려니 얼마나 피곤한 일인가? 서비스업체 고객관리센터도 아니고, 사람의 소리를 들어가면서 이렇게 저렇게 달리하고 바꾸려니 말이 좋아 소통이고 열린 관계성이지 그 피로감과 부담감이 꽤나 클 일이다. 온라인상에 공개된 설교 동영상을 비교하며 듣는 '서핑 교인'(파도타기를 하듯 이 교회 저 교회 목회자들의 설교를 모두 섭렵하는 열혈 신자들) 중에는 성숙하지 못하게 이런저런 비교로 목사님들의 속을 긁는 댓글을 올려 온라인, 오프라인 시끌거리게 만드는 일들도 있다 들었다.

　결국 목회자도 성도들도 이 획기적 네트워크 서비스로 인하여 하나님보다 사람의 소리에 더 촉각을 곤두세워야 하고, 먼 거리 온라인에 반응하느라 내 곁 오프라인의 이웃을 못 볼 상황에 처하게 된다면, 이는 분명히 교회가 지향해야 할 올바른 '교제'(코이노니아)로부터 멀다는 판단이다. 신앙인 개인과 하나님과의 교제가 먼저요, 그리스도의 이름으로 만난 형제자매인 '교회'의 교제가 둘째요, 이를 바탕으로 이웃과 눈 맞추고 온기를 나누는 직접적인 만남의 교제가 교회의 중요한 사명일진대, 오늘날 우리가 향유하는 소셜 네트워크 서비스는 이 세 가지를 망각하거나 추상화하거나 주변화시킬 위험성을 가지고 있다.

　물론 스마트폰이나 아이패드를 폐기하자는 주장은 아니다.

교회에서 각종 동영상 서비스나 소셜 네트워크 서비스를 활용하면 안 된다는 말 역시 아니다. 먼 거리 인간들끼리의 과잉 접속의 시대에, 교회의 진정한 코이노니아는 무엇이어야 하는지 그 본질을 잊지 말자는 당부다. 추상적 관계나 즉흥적 관계의 약점을 잊지 말았으면 한다. "이런 구석기 시대 사람 같으니라구!" 그리 즉각적으로 비난하기 이전에 하루쯤은 휴대폰, 인터넷, 각종 네트워킹 시스템으로부터 '디스커넥트'(disconnect)되어 오로지 한 개인의 영혼으로 위를 우러러 앙망하며 하나님과 온전히 접속해 보면 어떨까? 하나님과의 교제는 교회가 '서로 함께' 관계하기 위한 원동력이요 출발점이기 때문이다.

'갑'과 '을'의 세상에서, 교회의 인식론

"인간 딱 두 부류야, 갑과 을! 나는 내 아들이 갑이면 좋겠어." 드라마 〈아내의 자격〉에서 나왔던 대사다. 대한민국 교육 제도가 이대로는 안 된다고, 다양성이 존중받는 세상을 만들어야 한다고 비판의 목소리를 높이는 기자 출신 아빠이건만, 친척 모임에서 내세울 것 없는 아들아이의 부실한 성적은 못내 못마땅했나 보다. 하여 자연친화적인 교육을 한다며 들로 산으로 현장 학습 다니고 나름 대안교육을 해 온 아내를 몰아세우며 한 말이었다. 공적으로야 직업상 현행 교육 제도를 비판해야 하지만, 이 제도가 진행되는 동안은 내 아들이 고용주의 위치, 통제하는 사람의 자리, 지배 권력을 가진 자가 되기를 바란다는, 아주 '인간다운' '솔직한' 절규였다. 결국 이 부부는 '세상의 법칙'에 굴복하고 '교육 특구'라는 대치동으로 이사를 갔다.

빠르고 압축된 근대화 과정을 거친 덕분에 전근대와 근대, 그리고 현재 후기근대(혹은 탈근대)적 상황을 모두 겪은 극중 할머니는 아이 공부를 재촉하며 그러신다. "천민으로 전락하는 것, 시간문제다." 대한민국은 법 앞에 만인이 평등함을 천명하는 민주공화국인데, 이 무슨 신분제 시절에나 하던 소리인가? 그러나 신분제 '따위'는 겪은 일이 없는 요즈음 아이들조차 스스로를 '평민' '천민' 등으로 분류하며 위계적인 존재의 사다리를 만들고 있다. 자신을 표현하거나 자기가 만든 작품이나 글을 묘사하면서도 '비루한' '비천한' 등의 중세적 언어들을 자주 쓴다. 아홉 등급의 수직축으로 분류되는 교육 제도 속에서 아이들이 배운 '일상어'다.

바야흐로 '학력 신분제 사회'다. 전통 사회에 존재하던 신분제의 가장 큰 특징은 그 신분이 '세습'된다는 것이었다. 때문에 신분에 따른 존재의 사다리에서 아래 위치에 속해 있는 집안 출신의 아이들은 아무리 '용을 써도' 자신의 사회적 위치를 상승시킬 수 없었다. 그런데 그런 '세습'과 '도약에의 제약'이 21세기 후기근대의 정점을 찍고 있는 우리 사회에 다시 등장한 것이다. 한 아이가 성공하려면 엄마의 정보력과 더불어 할아버지의 재력이 필요하다는 우스갯소리는 실없는 농담이기에는 너무나 뼈아픈 현실을 전하고 있다. 구조 조정의 냉혹한 직업 현장을 겪고 있는 아빠들의 재력은 너무나 불안정하다. 그것을 믿고 아이들의 학원 교육을 시킬 수는 없는 노릇이다. 때문에 비교적 고용이 안정되어 있었던 세대에 일을 하시고 무사히 정년을 맞으신 덕분에 연금을 꼬박꼬박 받으실 수 있는, 그리고 성실히 일한 대가로 받은 합리적인 임금을 알뜰살뜰 저축하고 투자하여 내 집 마련이 가능했던 시절을 지냈던, 덕분에 노년에 어느 정도의 자산을 가진 '할아버지' 만이 손자손녀의 학원비를 지속적으로 감당하실 수 있다는 말이다.

세상이 이렇다 보니 수많은 사람들이 인류를, 동료를, 생명을 딱 두 종류로 구분하게 되어 버린 거다. 갑과 을! 회사의 계약 관계에나 등장하던 '갑' 과 '을' 은 삶의 전반에서 인간의 상호 관계를 규정짓는 하나의 '문화적 기준' 이 되었다. 무엇보다 '자본이 힘' 인 이 사회에서는 돈을 주는 사람이 무조건 '갑' 이다. 백화점에서는 고객이 '갑' 이고 회사에서는 고용주가 '갑' 이며 친구들 사이에서조차 돈 많은 아이가 '갑' 이다. 갑의 위치에 있으면서도 을을 평등하게 대하는 자는 어리숙한 사람으로 치부된다. 오죽하면 '갑질' 이라는 말이 유행할까. 을의 위치에 있으면서 갑과 평등해지겠다 요구하다가는 보다 더 고분고분한 다른 을로 대체될 뿐이다. 때문에 을은 갑에게 대들 수 없다. 똑같이 대해 달라 요구할 수도 없다. 이렇게 세상은 근대성의 말미에 또 한번 존재의 사다리를 만들어 버렸다.

그런데 안타깝고 슬픈 현실은 시작부터 '갑' 도 없고 '을' 도 없다고 선포한 공동체였던 기독교 교회조차 오늘날에는 그 안에서의 다양한 관계들을 '갑'과 '을'의 인식론으로 풀어 가고 있다는 점이다. 무엇보다 기업형 교회로 성장한 대형 교회들의 경우는 목회자들의 조직이 거의 '회사'의 위계와 흡사하다. 사실 큰 덩어리의 조직체를 효율적으로 운영하기 위한 최상의 제도는 '관료제'다. 각 직위의 역할과 권한을 명시하고 명령은 하향 전달, 업무 보고는 상향 전달의 피라미드식 위계를 내규로 정한 시스템 말이다. 효율성으로 말한다면야 인간이 개발한 제도 중에서 위계적 관료제를 따를 대안이 없어 보인다.

그래서일까? 기업처럼 몸뚱이가 커진 교회는 이제 CEO의 포스와 권력, 그리고 재력을 자랑하는 담임 목회자를 그 정점으로 하고 부목회자들의 권력 위계가 확립되어 버렸다. '고용되었고' '임금을 받기에' '상사의 명령에 따르는 업무'를 성실히 수행하는 세상의 '을'들처럼 아래 직급의 목회자들은 '을'의 임무와 자세를 겸허히 체득하고 담임 목회자를 '섬긴다.' 담임 목회자는 동역자라기보다는 '상사'다. 목회자들만의 문제가 아니다. 아마도 목회 직분은 온 가족이 아버지의 직업에 관련되어야 하는 봉건적 잔재를 지닌 몇 안 남은 직업군이지 싶다. 부목회자의 사모나 아이들은 담임 목회자의 가족을 만만히 대할 수 없다. 부목회자인 아버지와 어머니가 담임 목회자와 그 가족을 섬기듯, 교회에서 나고 자라 눈치가 빠른 아이들은 알아서 자기 서열을 찾아 행동한다.

목회자의 위계만 있나? 담임 목회자를 포함하여 목회자의 '고용'에 최종적인 의사 결정권을 가지는 교회의 임원직 장로님들 역시 은연중에, 그리고 가끔은 공공연하게 자신들이 목회자를 향하여 '갑'의 위치에 있음을 드러낸다. 겉으로야 '영적 아버지' '신앙의 지도자'라 치켜세우며 존경의 몸짓을 그치지 않지만, 자신들의 의견과 대립되거나 마땅치 않은 목회철학을 가진 목회자를 향하여는 '우리가 언제든지 당신을 자를 수 있음'을 환기시킨다. 실제로 큰 소리가 나고 세상 밖으로까지 갈등이 불거져 나와 경우에 따라서는 뉴스에까지 보도되는 사례들도 있지 않던가! 어려서 철없던 시절, 논리로 안 되고 힘으로 안 되어 억울해 하던 어느 장로님 댁 아이가 내게 소리쳤다. "우리 아빠가 너네 아빠 돈주는 거야. 까불지 마!" 다른 건 하나도 지지 않았는데, 어린 나는 왜 그 소리에 주눅이 들었는지…. 아무 대꾸도 못하고 돌아오는 길에 난 속으로 결심을 했다. "아빠보고 다른 직장을 알아보라고 그래야지!"

그때는 몰랐다. 목회는 '직업'으로 '인식'하면 안 된다는 것을…. 직장을 옮기고 직종을 옮기듯 화폐 가치로 결정되는 것이 아니라는 것을…. 철부지 딸의 땡깡 수준의 강요를 듣고는 말없이 안고 토닥여 주시던 아빠의 손길이 아직도 기억이 난다. 이제는 철도 나고 머리도 커져 어쩌다 교회가 이리 되었나 견적과 분석이 다 나오는 나이가 되었음에도, 아직까지 시린 가슴은 여전하다. 정녕 교회에서까지 세상의 못된 행태를 그대로 닮아 '갑을 놀이'를 해야만 할까? 주 예수 그리스도의 십자가 앞에서 남자와 여자도 없고, 노인과 아이도 없고, 주인도 종도 없고,

히브리인도 헬라인도 없다는 그 혁명적인 선포는 다 어디로 갔나?

　생각해 보면 유사 이래 사람들은 그렇게 '편 가르기'를 좋아했다. 남자와 여자, 노인과 아이, 주인과 종, 히브리인과 헬라인. 다양한 존재 방식을 가지고 다양한 사회 역할을 수행하며 다양한 정체성을 형성해 가는 사람들을 왜 꼭 둘로 나누기를 좋아할까? 이도 따져 보면 재미있는 분석 거리겠으나, 여기서 하고픈 말은 교회는 그런 이항대립적인 세상의 '가름'이 없는 공동체라는 사실이다. 그 '가름'의 경계가 허물어지는 공동체라는 사실이다.

　사도 바울은 분명 그리 선포했었다. 그리스도의 십자가 아래는 그 어떤 구별도 없다고…. 아주 색다른 방법으로 사도 바울을 읽었던 알랭 바디우라는 학자는 바울의 위대성이 바로 이 '보편성의 외침'이었다고 말한 적이 있다. 예수 사건 이후, 그의 부활 이후 더 이상의 편 가르기는 없다. 모두가 다 하나님의 자녀다. 때문에 평등하다. 이제 인류는 수직 축으로 위계지워지거나 대립하는 두 항으로 나뉘어질 필요가 없다! 예수는 우리 모두가 하나님의 자녀임을 가르치고 아들로 사는 법을 몸소 행하고 그 결과로서의 영원한 생명을 보인 분이셨다. 때문에 그를 '주'라고 고백하는 사람들의 공동체인 교회에 위계적 경계는 있을 자리가 없다. 이게 교회의 인식론적 출발 지점이었으며 주의 이름으로 모인 공동체의 합의였다.

그리스도를 따르는 공동체로서 교회는 꼭 기억해야 한다. '돈'을 기준으로 갑과 을을 나누는 이 세상의 악한 모습은 교회가 결코 따라해서도 허용해서도 안 되는 '반(反)하나님적' '반(反)그리스도적' 행위라는 사실 말이다. 이는 교회의 자기모순이다. 교회 존속의 정당성을 잃는 행위다. 교회의 직분을 두고 '갑을 놀이'를 하는 사람들의 불신앙이야 말할 것도 없지만, 이를 계기로 아주 조심스럽게 이런 생각도 해 보았다. 천막 짓는 일을 했던 사도 바울처럼 그렇게, 목회자들이 교회로부터 소위 '임금을 받지 않는다면' 이 갑과 을이라는 위계로부터 더 자유롭지 않을까 하는 고민 말이다. '돈'이 전부라는 세상, '돈'으로 사람의 관계를 위계 짓는 세상, 이런 세상이라면 돈의 관계로부터 벗어나야 비로소 자유롭고 떳떳하게 소신껏 목회를 할 수 있지 않을까? 실은 꽤나 자주 해 보았던 생각이었다. 그러나 한편으로 이는 단편적이고 소극적인 대응 방식일 수도 있겠다 싶다. 치사하다고 나만 '돈의 위계관계'를 벗어나는 소극적 해결이 궁극적인 답이 아님을 알기 때문이다. 보다 근본적인 것은 하나님 나라의 수평적 차원이 교회, 그리스도의 이름으로 모인 공동체의 인식론적 토대가 되도록 힘써야 할 일이리라. 갑과 을의 세상에서, 교회는 그 모든 구별과 차별을 무화(無化)시키는 하나님 나라의 인식론을 가지고 신도들을, 이웃을, 동료를, 사람을 대할 일이다. 사랑할 일이다.

교회가 원수를 사랑하는 법

"네 이웃을 사랑하고 네 원수를 미워하라 하였다
는 것을 너희가 들었으나 나는 너희에게 이르노니 너희 원수를 사랑
하며 너희를 박해하는 자를 위하여 기도하라"(마 5:43~44)

유명한 산상수훈의 말씀이다. 예수께서는 늘 이렇게 새로운 말씀을
주셨다. "너희는 그동안 이렇게 들었다. 그러나 나는 '달리' 말한다!" 예
수는 과거 전통을 그대로 답습하지 않고 '모세의 율법'을 넘어서는 새
로운 교훈을 제시하셨다. 그리고 말씀대로, 자신을 십자가로 내몬 '원
수'들을 향해 마지막까지 저주하지 않으시고 하늘을 향해 기도하셨다.

"아버지, 저들의 죄를 용서해 주십시오. 저들은 자신이 하는 일을 알
지 못하고 있습니다."

예수의 가르침을 따라 초대 교회의 신자들 역시 죽기까지 원수들을 '사랑'했다. 아직 깨닫지 못한 것일 뿐, 그들도 하나님의 자녀임을 안타까워하며 그들을 위하여 기도했다. 그러한 스데반의 죽음 덕분에 회심하고 그리스도인이 된 바울이 있을 수 있었고, 제국의 심장 로마에서 수많은 그리스도인들이 탄생할 수 있었다.

그러나 죽음의 순간까지 원수를 사랑했던 예수와 제자들의 행동은, 이후 교회에서 너무나 자주 오해되고 있는 듯하다. 그들의 죽음이 담고 있는 극명한 저항의 몸짓은 읽지 못하고, 교회는 원수의 부당한 행동을 그저 참고 견디고 인내하는 것이 '사랑'인줄 그리 착각했던 경우가 많았다.

부당함에도 불구하고 원수를 사랑해야 한다는 것, 그들을 위해 기도하고 복을 빌어야 한다는 것은 반론의 여지가 없다. 그리스도인들의 신앙 표준이신 예수께서 그리 말씀하셨으니까. 하지만 예수께서 가르치신 '원수 사랑'이라는 것이 나에게 악을 행하는 이를 그저 '참고 견디라'는 의미였을까? 이 질문에 많은 교인들이 재빨리 대답할 것이다. 분명 예수께서는 오른쪽 뺨을 치거든 왼뺨도 돌려 대고, 속옷을 뺏으려는 자에게는 겉옷까지 주고, 억지로 오 리를 가게 하면 십 리를 동행하라 하셨으니, 참고 견디고 심지어 더 나아가 베푸는 것이 옳다고 말이다. 실제로 많은 교회 강단에서, 신앙 선배들의 조언 가운데서 듣게 되는 권고다. 나에게 악을 행하는 원수를 향해 분노하고 저항하고 보복하려 들지 말고, 하나님을 바라보라고 말이다. 오히려 그 원수로 인하여 신자가 하나님을 의지하게 하셨으니, 원수는 '내가 하나님을 향하게 하는' 매개체, 혹은 연단의 채찍이라는 이야기도 종종 덧붙여진다.

그런데 이것이 참으로 애매하다. 언뜻 들으면 사랑 넘치는 태도인 것 같지만, 뭔가 예수께서 전하셨던 '원수 사랑'의 핵심이 빠진 느낌이 들기 때문이다. 사실 원수 짓을 한 상대에게 '왼뺨까지' 내어 놓으라는 예수의 권고는 당시의 문화적 전제를 이해하고 본다면, '원수'를 향해 맞서지 말고 참고 견디라는 의미가 아니었다. 오른뺨을 맞으려면 상대방이 왼손잡이가 아닌 이상은 오른쪽 손등을 사용해야만 가능한데, 당시 문화에서 손등으로 상대를 때리는 것은 모욕을 주는 의미가 담겨 있었다 한다. 강자가 약자에게, 권력자가 힘없는 자에게 자신의 힘을 과시하는 횡포의 표시였다. 그런 이에게 자기 뺨의 왼편을 돌려대는 행동은 『흥부놀부전』의 흥부가 형수님께 밥풀 몇 개 더 얻어먹으려는 속셈도 아니요, 비굴하게 "여기도 마저 때리세요" 전적 복종을 의미하는 것도 아니었다. 오히려 저항의 몸짓이었다. "왜? 이쪽도 때려보지 그래? 그런다고 내가 주눅들 것 같아?" 멱살 잡고 맞서 싸우면서 폭력으로 대항하지는 않았지만, 고개 숙이지 않고 당당하게 왼뺨을 돌려대는 행동은 너로 인해 내가 모욕을 당하지 않는다는 것을 보여 주는 행위일 수 있다. 내가 당한 부당함이 억울해서 행하는 개인적 저항이 아니라 힘을 가지고 약자를 모욕하는 행위는 '하나님이 싫어하시는 악'이기에, 그가 그런 행악을 그치기 바라는 '사랑의 마음'에서 실천하는 적극적 저항이었다. 예수는 그렇게 악인을 나무라라고, 그게 사랑이라고 말씀하신 것이다.

사실 예수의 '원수 사랑'은 유대교 전통이 가르친 관계 방식보다 그 깊이와 차원이 월등히 다른 것이었음에도, 오늘날 교회의 가르침은 예수께서 '넘어가라' 권고했던 유대교적 이해와 혼재되어 있어 더욱 안타깝다. 유난히 민족사적 고난이 많았던 이스라엘 사람들은 전지전능하신 하나님께서 이유 없이 자신들을 '원수들'의 손에 넘겨주지는 않으신다고 고백했다. 하나님이 이스라엘에게 악을 행하는 자들을 처단할 능력이 없어서 원수들을 두고 보시는 것이 아니다. 원수들은 이스라엘이 하나님과의 관계를 회복하기 원하셔서 보내신 수단으로써의 '채찍'이다. 그러니 그들이 악을 행한다고 해서 상대에게 화를 내고 분을 내기보다는 이를 계기로 자신의 신앙 상태를 돌아보라고 권고했다. 우리가 돌이켜 하나님 앞에 선을 행하고 하나님과의 관계를 온전히 회복하고 나면 '채찍' 따위는 쓸모를 다해 버려질 것이라고 말이다.

분명 '넘어갔어야' 할 유대교적 '채찍' 비유는 어이없게도 예수의 '원수 사랑' 권고와 결합되어 교회가 '원수를 사랑하는 자세'를 설교할 때 자주 애용된다. 누가 되었든 '내게 원수같이 행하는 그'를 통해 하나님께서 나를 연단하시고, 교훈을 주시고, 변화시키시고, 자라게 하신다는 메시지만이 강조된다. 이스라엘을 괴롭혔던 이방 나라들처럼, 신자들에게 행악하는 원수들은 '연단을 위한 채찍'이다. 심지어 그들의 행악함이 더하면 더할수록 신자는 하나님을 더 붙들게 되니, 그리 생각하면 모든 것이 은혜가 된다.

그러나 원수를 '연단의 채찍'으로 보는 이해는 예수께서 '그치기'를 요청하신 관계 방식이었다. 원수가 그저 '채찍'이라면 그는 변화를 위해 상호 관계하는 존재가 아닌, 견디고 참아 내는 대상으로 전락하기 때문이다. 그는 하나님의 구원사 안에 속하지 않는 배제된 자요 매개체일 뿐이다. 이런 배타성을 알았기에 예수는 '원수까지도 사랑'하라 하셨다고 믿는다. 하나님은 나뿐만이 아니라 원수까지도 '돌이켜 하나님을 바라보길' 원하신다고, 그 역시 구원받기를 원하신다고 말이다. 그러니 종국에는 그가 하나님을 향하도록 만드는 것이 원수를 적극적으로 사랑하는 방법이다.

이는 예언자 요나가 온몸으로 배웠던 교훈이기도 했다. 요나에게 '원수' 니느웨는 하나님께서 이스라엘을 연단하기 위한 채찍으로 쓰시고는 버릴 수단이어야만 했다. 하나님이 그들에게까지 관심을 가지실 리 없는데, 왜 그들에게 가서 이스라엘에게'만' 경고하시던 회개를 선포하라 하신단 말인가? 그게 싫어 도망갔다가 끌려와 마지못해 니느웨에서 회개를 선포했던 요나는, 그 선포를 하나님의 말씀으로 받아 온 도시가 회개하는 '꼴'이 보기 싫었다. 하나님의 자비와 관심이 이스라엘 '아닌' 사람들에게도 내리는 것이 얼마나 싫었으면 차라리 죽는 게 낫겠다고 하나님께 생떼를 썼을까. 그런 요나에게 하나님은 '원수를 사랑해야 하는 이유'를 가르치셨다.

> "이 큰 성읍 니느웨에는 좌우를 분변하지 못하는 자가 십이만여 명이요 가축도 많이 있나니 내가 어찌 아끼지 아니하겠느냐"(욘 4:11)

더불어 '원수를 사랑하는 방법'도 함께 가르치셨다. "좌우를 분변하지 못하는" 그들은 하나님의 말씀을 듣고 진정한 회개, 즉 올바른 방향으로 삶을 돌이킬 필요가 있는 사람들이다. 지금까지의 행동이 하나님 보시기에 악함을 깨닫고 반성하며 새 삶을 출발해야 하는 사람들이다. 그냥 두다 쓰임이 다하고 나면 '꼴좋게' 멸망할 그런 존재들이 아니다. 그들이 힘없는 이스라엘을 괴롭힌다고 그저 참고 인내하며 하나님이 그들을 벌하실 때까지 기다리는 것은 '원수를 사랑'하는 방법이 아니었다. 가서 너희들이 잘못하고 있다고, 하나님의 길로 돌이켜야 한다고 적극적으로 전하는 것이 '원수 사랑'의 방법이었다.

예수께서 말한 것은 요나를 가르치신 하나님의 사랑과 맥락을 같이한다. 원수를 향한 태도는 '비폭력'이었지 '저항하지 아니함'이 아니었다. 권력을 가진 자의 이름으로 내게 부당함을 행사하는 이들에게 무조건 참고 견디고 인내하며 기도하는 수동적 행위는 예수께서 가르치신 '원수를 사랑하는 법'이 아니었다. 같은 하나님의 자녀이기에 원수'도' 사랑할 일이다. 피하는 것은 예수의 가르침이 아니었다.

그들의 삶의 방식이 하나님의 뜻에 어긋남을 선포하고 종국에 그들이 하나님을 향하도록 '[비폭력적으로] 싸우고' '맞서고' '바꾸려 노력하는' 치열한 관계 방식을 통해서 사랑하라 가르치셨다. 때문에 '원수 사랑'은 그를 포기하지 않는 행위, 끊임없이 그의 행악함을 지적하고 알려주고 저항하는 행위를 통해 실천되어야 한다.

그동안 사적으로도 공적으로도 원수를 향하여 '참고 견디라고만' 가르친 교회는 하나님이 원하시고 예수께서 가르치신 '원수 사랑'의 노른자를 빼버린 셈이다. 이제라도 사랑의 표현으로 저항하는 법을 고민해야지 싶다. 예수 믿는 사람이라 저리 당하면서도 저항 없이 묵묵히 선을 행하는구나, 종국에 이리 감복하여 원수가 '돌이키는' 것은 감동적인 인격의 승리나 예수께서 가르치신 '원수 사랑'의 방법은 아니지 싶다.

내가 하나님께로 '돌이켜야' 하듯, 원수인 그도 하나님께로 '돌이켜야' 하는 존재다. '신앙심 깊은 나를 보고 돌이키면 네 복이고, 아니어도 내 채찍으로 쓸모 있는 원수'로 보는 그런 자세는 사실 알고 보면 깊은 영혼으로 원수를 사랑하는 마음이 아니다. 실은 뿌리 깊은 이기심이다. 그는 쓰고 버릴 채찍도, 나를 위한 연단의 도구도 아닌 하나님이 사랑하는 자녀다. 나만큼이나 변화하고 신앙이 자라야 할 하나님의 사람이다. 때문에 그를 사랑한다면, 그가 하나님의 방법으로 살아가도록 철저하게 맞서야 한다. 때론 죽기까지라도…. 그것이 십자가를 지시기까지 예수께서 보여 주신 '원수를 사랑하는 방법' 이었다.

4부 교회가 고백하는 믿음

소테리아, '구원'의 진정한 의미

　　"예수 천당, 불신 지옥!" 새해에도 어김없이 들려온
다. 출퇴근길 버스에서 지하철로 갈아타는 을지로 입구에는 간이공간까
지 만들어 상주하는 전도단체가 있다. 덕분에 매일 두 번씩은 듣게 되는
구호다. 어쩌다 바깥일이라도 있어 시내를 다니다 보면 육성으로, 전도
지로 단순화한 교리를 전하며 '구원'을 호소하는 열정적 신자들을 더
많이 접한다. 한번은 기독교계 어른을 만나 함께 걷고 있는데, 한 중년
아주머니께서 불쑥 사이에 끼어들어 전도지를 내밀며 "예수 믿고 구원
받으세요." 그러시는 거다. 민망해진 나는 얼른 전도지를 받아들고 웃으
며 "저희도 크리스천입니다." 그렇게 대답했다. "난 저렇게 전도하는 거
정말 싫어요!" 성격 분명하시고 불같으신 어른인지라 수습하느라 진땀
을 뻴뻴 흘리면서도 나 역시 그 말에 내심 공감을 했다.

전도 방식이야 다양하겠지만, 노상 전도를 하는 신자들에게서 빠짐없이 듣게 되는 두 키워드는 단연코 '예수'와 '구원'이다. 물론 기독교인이라면 꼭 붙들어야 하는 신앙의 핵심 키워드라는 데에는 이견이 없다. 그러나 "예수 믿고 구원받으라"는 것이 무엇을 의미하는 것일까? 예수는 '구원'에 대해 뭐라 말씀하셨나? 하나님 나라를 선포하고 기적 행위를 하던 예수의 공생애 3년 동안 예수는 '구원'이라는 단어를 어디서 사용하셨나? 예수는 어떤 상태를 '구원'이라 생각하셨을까? 예수께서 구원을 선포하셨던 그 처음의 자리로 돌아가서 교회의 핵심 선포인 '구원'의 의미를 되짚어 보았으면 한다.

예수께서 삭개오의 집에서 '구원'(소테리아)을 선언하셨다는 사실(눅 19:9)은 교회에 오래 다녔고 성서 본문에 익숙한 신자들도 흔히 지나치는 부분이다. '키 작은' 삭개오가 나이도 지긋한 세리장의 신분으로 뽕나무에 올라갔다는 그 '임팩트 강한 스캔들'에 묻혀 예수께서 변화된 삭개오를 향하여 선포하신 말씀, "오늘 이 집에 구원이 이르렀다"는 문장이 충분히 강조되지 못해 온 듯하다. 유대 율법서에는 부당하게 재물을 빼앗은 것이 있다면 그 두 배를 갚으라고 되어 있다. 그러나 그날 삭개오는 자신이 이웃의 재물을 정의롭지 못하게 탈취한 바 있다면 네 배를 갚겠다고, 그러니까 자발적으로 '곱하기 2'를 하여 되돌려 주겠다고 약속하였다. 이에 그치지 않고 전 재산의 반을 가난한 사람들에게 나누어 주겠다고 했다.

어린 시절부터 나는 삭개오의 이 에피소드를 읽을 때마다 두 가지 궁금한 것이 있었다. 첫째, 삭개오는 뽕나무에 올라가서 예수님의 무슨 말씀을 들었길래 "함께 너의 집에 가자"는 예수의 부탁을 그리 기뻐하며 승낙하였으며, 또 정성껏 잔치를 준비하고 그 자리에서 재산 기부를 선언했던 것일까 하는 점이다. '부당하게 남의 재산을 취한 것이 있다면'이라는 전제를 다는 것으로 보아 삭개오의 이전 경제 행위가 올바르고 정직한 방식으로 진행되지 않았다는 것은 충분히 유추 가능한 일이다. 더구나 세리장이다. 로마 식민 시절 세리의 역할이란 것이 민중들로부터 세금을 걷어 로마 정부에 바치는 것이었을 텐데, 그 과정에서 더 걷어 덜 전하는 일이 어찌 없었을까? 더구나 삭개오는 일개 세리도 아니고 세리장이었다. 세상의 모든 달콤한 '맛' 중에 '권력의 맛'이 최고라 하는데, '장'급 세리였던 삭개오라면 그가 '부당하게 취한 재물'의 양 또한 어마어마했을 일이다. 그랬던 그가 갑자기 왜 인생의 방향을 바꾸었냐는 말이다. 내내 자린고비처럼 모으고 악착같이 불렸던 재산을 어쩌자고 반이나 뚝 떼어 내어 가난한 사람들에게 나누어 주겠다고, 그것도 그리 뛸 듯이 기뻐하며 선언을 하였단 말인가? 필시 삭개오는 그 뽕나무 위에서 무언가 들었음에 틀림이 없다. 그리고 그 말씀에 삭개오의 삶이 변화되었다.

두 번째 들었던 궁금증은 재산을 나누겠다고 선언하는 삭개오를 보며 예수께서 "오늘 이 집에 구원이 이르렀다!"고 선언하셨다는 점이다. '재산을 나누는 것'과 '구원'은 도대체 무슨 관계가 있는 것일까? 그동안 교회에서 들어온 '예수 믿고 구원을 얻는다'함은 '예수가 우리를 대신하여 죄를 속하시기 위해 돌아가신 구세주이심을 믿고 고백함으로 영생에 이른다'는 뜻이었다. 그런데 정작 뽕나무 아래서 예수는 "내가 너희의 죄를 대신하여 죽을 것이니 나를 믿고 영생을 얻어라!" 그리 말씀하신 것 같지는 않다. 그랬다면 삭개오는 분명 "주님, 저는 주님께서 저의 죄를 대신하여 구속하시는 분이심을 믿습니다" 이리 고백했을 일이다. 그 고백 뒤에 예수께서 소위 '구원 선포'를 하셨다면 교회에서 가르치는 대로의 이해가 맞는 진행이다.

그러나 예수는 삭개오가 '재산의 반을 나누겠다'는 선포 바로 뒤에 '구원'을 이야기하셨다. 하지만 삭개오 개인의 구원이나 영혼 구원, 사후 구원에 대한 언급은 한마디도 없으셨다. "오늘 이 집에 구원이 이르렀다!" 이건 또 무슨 수수께끼 같은 말인가? 어찌 집이 구원을 받나? 여기서 집은 희랍어로 '오이코스'다. 오이코스는 당시 확대가족 단위였는데, 생산력과 지도력을 갖춘 젊은 가장을 중심으로 자립 경제를 운영하는 가정을 의미했다. 오늘날 우리의 핵가족 제도와도 다르고, 집안의 제일 연세 높으신 어른을 가장으로 하는 조선시대 가문과도 다른 형태다. 그렇다고 중세 유럽의 봉건적 공동체처럼 그리 큰 단위는 아니었으나, 그래도 한 '오이코스' 안에서 제법 먹고 입고 짓고 생산하는 일들이 자립적으로 가능한 생활 공동체라고 보면 된다. 삭개오 역시 자신의 집안에서 가장의 역할을 담당하고 있었을 게다. 그런데 그가 가장인 그 집의 삶의 방식이 바뀌게 된 거다. 예수를 만나고 예수의 말씀을 듣고서 그는 자신이 이제껏 자신의 집을 운영해 왔던 방식을 바꾸어 새로운 삶의 방식으로 살고자 결심했음을 선언한 것이다. 더 이상 부당한 방법으로 재산을 획득하는 일을 그칠 것이며, 지난 과오는 네 배를 더함으로 되돌릴 것이고, 무엇보다 앞으로 소유의 반을 나누며 살겠다고 예수 앞에서 약속했다.

『누가복음서』를 읽던 처음의 신앙 공동체는 굳이 삭개오가 뽕나무 위에서 들었을 예수의 메시지를 반복하여 기록할 필요가 없었는지도 모른다. 이미 예수가 선포한 하나님 나라의 질서를 익숙하게 알고 있는 1세대 공동체였으니 말이다. 하나님 나라의 질서는 다름 아닌 '희년'(禧年)의 질서임을, 잘난 자, 높은 자, 권세 있는 자, 부자들이 자발적으로 자신의 권위와 소유를 나눔으로 다시 하나님의 창조 질서로 되돌아가는 그 삶의 방식이 예수 메시지의 핵심임을 너무나 잘 알고 있었을 일이다. 그들에게 '예수를 믿는다'는 것은 '예수가 가르치고 지키라 한 삶의 방식을 자신의 삶의 방식으로 받아들이고 따르겠다고 결심하는 것'을 의미했음이 틀림없다.

이리 생각하면 나의 두 궁금증은 모두 풀린다. 삭개오는 뽕나무 위에서 바로 그 희년의 질서가 하나님 나라의 생활 방식임을 들었을 것이다.

그 질서대로 '지금, 여기'에서 나의 삶을 재조정하겠다고 결심할 때 하나님 나라는 이미 시작되는 것임을 깨달았을 것이다. 그리고 그 깨달음에 근거하여 자신의 소유를 나누겠다고 결심했을 때, 예수께서 삭개오와 그 집이 '구원' 받았음을 선언하신 것이다.

이렇게 보면 예수가 의미한 '구원'의 내용은 너무나 자명하다. 이것은 유대인들이 고대로부터 이어 온 신앙 고백의 핵심이다. 기억해라! 너희는 한때 남의 땅에서 유리방황하며 지냈고 배 곯고 지냈던 민족이었다. 힘 있는 자들의 억압에 눌려 부당하게 빼앗기고 살았던 민족이었다. 그랬던 너희를 '구원'해 주신 이가 여호와 하나님이시다. 그러니 너희끼리는 그러고 살지 마라. 다소 모자란다고 속여 먹고 약하다고 등쳐 먹고 힘없다고 강탈하며 사는 것은 반(反)하나님적 행동이다. 돌이켜라! 회개하라! 하나님이 기뻐하시는 삶의 질서를 회복하라! "때가 찼고 하나님 나라가 가까이 왔다"는 예수 선언의 핵심은 사실 이것이었다. 그렇다면 적어도 예수가 이해한 '구원'은 "나를 믿고 너의 영혼이 사후에 영원히 낙원의 기쁨을 누리리라" 하는 이야기는 아니었던 것으로 보인다. 바울이 어찌 해석했는지, 성 아우구스티누스가 어찌 고백했는지, 루터나 칼뱅이 어찌 말했는지는 결정적 권위를 가지지 않는다. 물론 훌륭한 신앙의 선배들로서 우리가 미처 깨닫지 못한 깊은 신앙적 경지를 듣고 읽으며 배울 점은 많을 것이다. 그러나 교리화 과정에서 영화(靈化)되고 사사(私事)화된 구원 해석까지 앵무새처럼 따라할 이유가 없지 않은가?

예수께서 이렇게나 분명히 '이것이 구원이다' 선언해 주신 마당인데 말이다.

'구원'의 의미를 이렇게 읽고 나면, 더는 노상 전도를 쉽게 하지 못할 일이다. 예수가 의미한 구원은 '살아내는 것'이고 '삶의 방식이요 실천'이기 때문이다. 나의 일상을 희년의 질서로 재조정하고 매일매일 내가 가까이 만나고 호흡하는 이웃들 가운데서 나눔의 삶을 살아가는 것, 그것이 구원받은 성도의 모습일진대, 어찌 구원이 단순화된 단어나 구호로 다 전달이 되겠는가? 그래도 그 귀한 질서는 전해야 하는 것이 아니겠냐고 반문하는 신자들에게 답하고 싶다. 맞다! 전해야 한다. 전해져야 한다. 사마리아와 땅 끝까지 전해져야 하는 질서다! 그런데 그것은 입으로 전하는 것이 아니고 삶으로, 몸으로 하는 것이다. 그리 '돌이킨' '삶의 방식을 재조정한' 나의 모습을 보며 우리 이웃들이 '하나님 나라의 질서'를 깨달아 알게 된다면 그것이 진정한 선교요 전도다. 개인도, 교회도 올해는 부디 길을 지나가는 불특정 다수를 향해 내지르는 일회성 선포보다는, 자신의 자리에서 자신이 매일 만나는 이웃들과 삶을 나누는 가운데 실천하는 진정한 구원의 삶을 살았으면 하고 바라 본다. 그리 산 뒤의 사후 영생은 절대 주권의 하나님께 온전히 맡기고 말이다.

유일신을 섬긴다는 것

가족, 직장, 전공이 모두 '기독교'로 수렴되는 인생이고 보니 아무래도 만나는 사람들 다수가 교인이다. 또한 공통 관심사가 되는 이야기를 나누기 마련이라 지인들과 나누는 대화의 주제 역시 신앙적 이야기가 많다. 그런데 종종 듣게 되는 표현들 중에 유난히 이웃 종교의 신과 비교하여 경쟁적이거나 우월한 존재로서의 하나님을 묘사하는 경우들을 대하게 된다.

얼마 전에는 지병이 있어 친척이 소개한 절에 머물며 몸을 돌본다는 이웃의 이야기에 동네 집사님들이 한마디씩 하셨다. "절에 가서 백날 삼천 배를 하면 뭘 해요. 거짓 신이요 힘없는 신인데…. 하나님이 진짜예요." "하나님을 어찌 다른 잡신하고 비교할 수가 있겠어? 전지전능 무소부재한 신은 하나님밖에 없는 걸." 심지어 "예수님께 빌어야 제대로 효험이 있다"고 목소리를 높이는 분도 계셨다. 무속 정서가 뿌리 깊은 한국 땅에 들어온 기독교 복음인데다가, 설상가상 성령 운동과 무속적 구복신앙을 구별하지 못하고 성장한 한국 교회이고 보니 벌어진 일이다 싶었다. 어쩌다 하나님이 '제일 효험 있는 신'이 되셨나. 이런 종류의 이야기들을 들을 때마다 많이 안타까웠다.

그러나 이는 평신도만의 문제는 아닌 듯하다. 종종 목회자들로부터도 이웃 종교의 신들과 여호와 하나님을 비교·평가하는 설교를 듣게 된다. 어설프고 얄팍하게 이해한 타종교의 교리 혹은 인물을 부정적 사례로 들어 기독교적 신관과 비교하는 사례가 드물지 않다. 그저 우리가 가진 신앙 전통에서 깊이 있고 진정성 있는 가르침만을 전했으면 싶은데, 한국의 전통 신앙이나 이슬람, 불교 등의 세계적인 이웃 종교의 신들을 언급하며 차원이 다른 여호와 하나님의 권능을 찬양한다. 물론 가장 빈번하게 인용되는 비교는 구약 성서에 기초한다. "엘리야가 갈멜산에서 승리한 이야기를 아시죠? 간구하는 내용도 바른 것이어야 하고, 간구하는 자세도 바른 것이어야 합니다만, 무엇보다 가장 중요한 것은 간구하는 대상이 바른 분이어야 한다는 것입니다. 바알도 아세라도 응답하지 않는 신입니다. 죽은 신입니다." "모세의 기적을 따라하려던 이집트의 사제들을 보세요. 그들의 신은 고작해서 강을 피로 물들이는 기적까지만을 따라 할 수 있었습니다. 오직 여호와 하나님만이 살고 죽는 것을 주관하시는 참 신이십니다." 이런 식이다.

신의 이름으로 거짓을 행하고 불의를 정당화하는 것에 대한 비판이라면 경쟁적이어도, 배타적이어도 될 일이다. 그러나 실천과 관계없이 존재론적으로 경쟁적 신관을 강조하는 이야기를 듣다 보면 교회가 과연 유일신앙을 고백하고 있기는 한가, 의문이 든다. "우리의 여호와 하나님이 더 막강하시다"거나 "다른 신은 다 거짓된 신이고 오직 여호와만이 참된 신이시다"라는 신앙 고백은 진정한 의미에서 '유일신관'(唯一神觀)이 아니기 때문이다. 이는 한마디로 부족신앙이다. 이스라엘 민족이 자신들의 신관을 형성해 가던 과도기에, 그러니까 아직 보편적 신관이 형성되기 이전에 고백했던 편협한 민족신앙 말이다.

출애굽기나 여호수아, 사사기를 보면 '야훼(여호와) 전쟁'에 관한 에피소드들이 자주 등장한다. 당시 이스라엘의 신앙을 굳이 표현하자면 '단일신론'(單一神論)이었다. 세상을 지배하는 여러 신들의 존재를 인정하되, 우리의 신인 여호와 하나님이 그중 최고라는 신앙 고백이다. 고대 근동에서는 부족마다 모시는 신의 이름이 달랐는데, 각 부족들이 경쟁하거나 전쟁을 치를 때면 언제나 자기 부족을 지키는 수호신의 이름을 앞세워 싸움터에 나갔다. 여호와 신앙에 충실하고 그 뜻을 따르면 여호와 하나님은 상대방의 신과 부족을 무찌르고 이스라엘을 승리로 이끄신다는 신앙 고백이 사사 시절 이스라엘인들이 가진 '단일신론적' 신앙 고백이었다. 세상에 예쁜 여자들이 아무리 많아도 "나에게는 네가 제일 예쁘다"는 콩깍지 사랑 고백처럼 그렇게 '단일신론적' 신앙 고백은 다른 신들의 존재는 인정하되 "나에게는 여호와만이 유일하고 참된 신이시다" 고백하는 신앙이었다. 때문에 그들에게 다른 신을 섬기는 것은 불신앙이요 여호와에 대한 배신 행위였다. 후대에 역사 해석과 신앙 고백적 차원에서 첨부하였다고들 말해지는 사사기 초반의 내용을 보면 여호와 하나님은 이스라엘이 다른 신들을 섬길 때 그들을 외면하셨고 그 결과 이스라엘은 타민족으로부터 고난을 당했다고 고백한다.

"이스라엘 자손이 여호와의 목전에 악을 행하여 바알들을 섬기며 애굽 땅에서 그들을 인도하여 내신 그들의 조상들의 하나님 여호와를 버리고 다른 신들 곧 그들의 주위에 있는 백성의 신들을 따라 그들에게 절하여 여호와를 진노하게 하였으되 곧 그들이 여호와를 버리고 바알과 아스다롯을 섬겼으므로 여호와께서 이스라엘에게 진노하사 노략하는 자의 손에 넘겨 주사 그들이 노략을 당하게 하시며 또 주위에 있는 모든 대적의 손에 팔아 넘기시매 그들이 다시는 대적을 당하지 못하였으며…"(삿 2:11~14)

하지만 '단일신론적' 신앙 역시 크게 보면 다신론(多神論)적 세계관에 포함되는 한 태도일 수 있다. 여러 신들 가운데 개인(혹은 한 민족)이 한 신을 유일하고 절대적으로 선택한 이유를 분명하게 가질 뿐, 경쟁하는 다른 신적 존재들을 의식하고 있기 때문이다.

물론 다신론과 다르게 단일신론은 다른 신들을 인정하지 않으며 배타적 태도를 취하는 이유 또한 분명하다. 이스라엘이 택한 '야훼'는 약자들의 하나님이셨다. 이집트나 메소포타미아, 시리아 제국의 신들이 모두 왕과 파라오를 지지하고 그들의 신성한 왕권을 강화하는 종교적 기반으로 기능한 반면, 이스라엘의 신 '야훼'는 억압받는 자들의 울부짖음을 들으시고 그들을 자유롭게 해방시켜 주는 신으로 고백된다. 이집트의 핍박받는 이주 노동자들이었던 이스라엘은 그렇게 해방신 야훼를 그들만의 유일한 신으로 고백하며 시작한 공동체였다. 때문에 그들의 신앙 고백인 구약 성서의 초기 자료들 안에는 제국의 신을 거부하기 위해 유난히 경쟁적이고 호전적인 신관이 고백될 수밖에 없었다. 그러나 안타깝게도 부족 시대의 인식론적 한계나 제국의 신관에 대항하던 윤리적 성격은 간과한 채 그 신앙 전통을 축자영감적 유산으로 받은 기독교인들은 존재론적으로 배타적이고 적대적인 신관을 형성하게 되었다.

　그러나 진정한 유일신관을 가진 신앙인이라면, '부처보다 예수, 알라보다 여호와 하나님'이라는 비교 평가는 아니할 일이다. 우리가 고백하는 '여호와'나 '하나님'이라는 이름의 제한성 속에조차 갇히지 않으시는 무한히 크신 한 분! 때문에 우리가 감히 어떤 한 이름으로도 제한할 수 없는 분이라 고백하는 것이 진정한 유일신관이 아니겠나 싶어서다. 도교와 유교의 사상적 깊이 속에서 하나님을 이해했던 유영모 같은 이는 그래서 하나님을 "없이 계시는 하나님"이라 표현했는지도 모르겠다.

우리 역사 안에 계시해 들어오시고 신앙인 개개인의 기도와 간구 속에서 인격적으로 만나 주시는 하나님이시기에 '계신다'고 표현하나, 실은 그 하나님은 인간의 지각 영역을 초월하는 분이시기에 감히 인간적 언어로 '있다' '없다'를 말할 수 없는 분이라는 고백이다. 인간의 제한된 이해와 지각으로는 도저히 다 알 수 없는 분이기에 차라리 인간의 인식론적 능력으로는 '없음'이라 표현할 수밖에 없는 이이기 때문이다. 동양적 개념인 태극(太極)과 무극(無極)으로 그 차원을 설명하기도 한다. 계시해 들어오신 하나님은 무한히 큰 하나이시기에 태극과 같지만, 사실 인간적 지각의 영역 밖에도 무한하게 계시는, 아니 그 존재 자체를 감히 왈가왈부할 수 없는 무한한 하나님이시기에 '무극'이라 부를 수밖에 없다는 설명이다.

그러고 보면 서양 신학자인 폴 틸리히도 이와 유사한 신관을 고백하였다. '존재의 기반'(ground of being)이 되시는 하나님은 오직 인간 역사 안에 계시해(틸리히의 언어로는 '참여해') 들어오신 하나님일 때에만(the Absolute Participant) '거룩하다' '위대하다' '뛰어나시다' 등의 속성으로 인간의 경험적·상징적 고백을 할 수 있다고 말했다. 창조세계보다 더 큰 이, 그리고 인간의 실존적 삶을 넘어계시는 하나님을 틸리히는 '존재 자체'(Being-itself)라 불렀는데, 이는 인간의 실존적 차원에서의 존재를 의미한 것은 아니었다. '하나님은 인간의 언어에 제한받지 않으시는 무한히 큰 한 분'이시라는 틸리히의 신관은 동양 언어적 표현으로는 '무극의 하나님' '없이 계시는 하나님' 이라는 고백과도 만난다.

지루한 신학 이야기를 늘어놓는 이유인즉, 진정한 유일신관에 비추어 볼 때 현금의 교회가 가진 신앙 고백과 실천은 참으로 좁아들고 얕아진 부족신앙으로 퇴보한 듯한 안타까움 때문이다. 그분이 어찌 한 이름에 갇힐까? 그분이 어찌 우리의 언어와 전통에만 갇혀 다른 신들과 경쟁하는 존재일까? 무엇보다 그분은 어찌 오직 이스라엘에게만, 그리고 기독교인들에게만 계시하시고 오직 배타적으로 우리의 역사에만 참여해들어오실까? 이 세상을 온통 낳은 이요 이 세상을 온전히 보전하고 계신 그 한 분을 고백하는 기독교인이라면, 어찌 그리 쉽게 여호와를 다른 신들과 비교 대상으로 끌어내릴 수 있을까? 이는 '여호와 하나님도, 알라도, 부처도 다 하나다' 하는 선언이 아니다. '여호와 하나님 신앙이나 알라 신앙이나 부처 신앙은 결국 진리에 도달하는 각기 다른 하나의 길이다' 그리 선언하는 신앙 고백과도 다르다고 본다.

기독교의 유일신앙은 '쉽게 말할 수 없는 하나' 에 대한 믿음이다. 유한한 인간 존재에 대한 겸허한 자기고백이다. 내 실존을 넘어계신 무한히 큰 그 한 분, 그분이 이 역사 안에, 내 삶의 한 가운데 참여해(계시해) 들어오신 모습만을 파편으로, 부분으로 보고 알 뿐이니 신에 관해 우리가 고백하는 그 모든 언어들을 절대화할 수 없음에 대한 인정이다. 그게 진정한 유일신관이 아닐까?

때문에 이웃 종교와의 관계에서 필요한 것은 대립이나 경쟁, 비난과 무시가 아니라 진정성을 가진 대화라 본다. 내가 이해하고 내 삶을 변화시킨 신의 현존을 서로 나누고 설명하는 가운데, 감히 그려 낼 수 없는 커다란 한 분을 조금씩 더 세밀하게 선명하게 그려 내는 과정으로서의 대화 말이다. 사랑과 정의, 평화와 창조 질서의 회복과 같이, 신적 현존을 경험한 이들이 공통으로 고백하는 보편적 사명을 출발점으로 서로의 신 이해를 진심으로 나눌 필요가 있다. 그리하여야 여호와 하나님의 이름으로 그의 소중한 피조물인 다른 생명들과 경쟁하고 심판하고 정죄하고 심지어 죽이기까지 하는 그런 편협함을 극복하는 교회가 될 것이다. 좁아터지고 배타적인 신앙심을 가진 교회를 향한 세상의 비난에 대처하는 가장 근본적인 길은 진정한 유일신앙의 회복이라 믿는다.

우리가 전해야 하는 예수

　　설마 했다. 바쁜 일상 중에 빠르게 읽은 머리기사라 내가 뭘 잘못 읽었거니 싶었다. 아니 21세기에, 그것도 대한민국에서 십자가형에 처해져서 죽은 사람이 발견되었다니 이게 있을 법한 일인가? 십자가는 이천 년 전 로마제국 당시 체제전복적인 반역을 저지른 사람들에게 부여된 법정 최고형이었잖은가! 물론 예수 그리스도가 십자가형을 당함으로써 '십자가'는 나라, 인종 불문하고 기독교인들에게 의미있는 '보편적' 상징이 되어 있는 것은 맞다. 그래도 교회가 고백하는 바 정통 교리로는 예수의 그 일회적 죽음으로 말미암아 이제 전 인류의 구원 가능성이 열려 있다 하지 않는가! 하여 이후로 오는 세대는 자신의 죄사함을 위하여 자기 자신이든 대속물이든 한 생명의 끔찍한 희생제의는 필요 없다 선언한 기독교가 아니던가! 그런데 어쩌자고, 신실했다던 21세기 대한민국의 신도 한 사람은 골고다를 닮은 폐광의 한 언덕 위에서 이천여 년 전 예수의 죽음을 '정확하게' 재현하며 그리 죽어 갔단 말인가. 머리의 가시면류관, 옆구리의 창 자국, 그리고 손과 발의 못 자국을 똑같이 따라하는 것이 예수가 '가르쳐 지키게 하라' 했던 복음의 핵심은 아니었을 터인데 말이다.

안타까운 죽음이고 어이없는 죽음이며 일반화시킬 수 없는 사건이긴 하다. 하지만 그 기사를 접하면서 스쳐간 우울한 생각은 왜 교회는, 그리고 기독교인들은 시대가 지나면서 자라나는 말씀을 받지 못하나 하는 것이었다. 그리 극단적인 사람이야 어쩌다 나온 한 사람이라 하여도, 도대체 요즘 세상과는 아무 상관도 없는 성서 시대의 언어들과 문화적 내용을 너도 나도 똑같이 반복하고 재현하는 신자들이 부지기수인 마당이라 안타까웠다.

한 사례로, 대학에 있다 보니 요즘 젊은이들로부터 "교회 열심히 다니는 또래들과는 이야기가 통하지 않는다"는 이야기를 많이 듣는다. 가장 많은 불만은, 왜 선교단체나 교회 청년부 사람들은 21세기 한복판에서 21세기적 고민을 안고 살아가는 자신들의 삶 가운데 청하지도 않았는데 불쑥 나타나 방해를 하면서 "당신이 죄인인 것을 아십니까?" "예수 그리스도께서 당신의 죄를 위하여 속죄의 양으로 돌아가신 것을 아십니까?" 그리 '외계어'를 하느냐는 것이다. '속죄양' '피흘림' '대속'과 같은 말들이 아무런 전제 없이 사용되기에는 우리의 삶과 문화적 전제가

1세기 기독교인의 삶의 현장에서 너무 멀기에 발생하는 당혹스러움이다.

이렇게, 세상 사람들은 그리스도인들이 가진 대안적 가치관과 삶의 방식 때문이 아니라 시대착오적인 언어와 상징, 그리고 그걸 고집하는 배타성으로 인해 교회를 조롱하고 멀리한다. 한 달란트를 받아 고이 땅속에 묻어 놓은 어리석은 종처럼, 교회는 이천 년 전에 전해 받은 말씀을 포장과 알맹이 그대로 고이 간직할 생각만 했지, 그걸 받아 풀어보고 제 자리에서 제 시대 속에서 다시 생각하고 다시 물을 생각은 하지 않았기 때문이다.

예수의 십자가 죽음만 해도 그렇다. 최초의 그리스도인들 다수가 유대인이었다. 속죄제에 익숙한 그들이 예수의 십자가 사건을 겪은 뒤 메시아의 고통을 어찌 해석할까 고민하고 기도하던 차에 자신들의 문화적 배경과 한계 안에서 고백할 수 있었던 것이 바로 '세상 죄를 대속하신 하나님의 어린 양'이라는 신앙 고백이었을 것이다. 시나이 산에서 율법을 받은 이래 자신들의 죄를 대신 속하는 행위로 흠 없고 순전한 어린 양을 하나님의 제단에 바쳐 왔던 그들이고 보니, 어이없고 분하기만 한 예수의 죽음을 해석하는 과정에서 충분히 나올 수 있는 고백이었다고 본다. 더구나 로마-유대전쟁(66~70년)으로 예루살렘 성전이 초토화되고 나라가 망했다. 더 이상 속죄제를 드릴 성전도 없는 마당이다. 제의적 통로가 막힌 그들에게 '단 한 번에 전 인류를 위한' 보편적 속죄 제의로 고백된 예수의 십자가는 분명 구원의 상징이었을 터다. 적어도, 이 '받은 것만' 제대로 이해했더라도 이천 년이 지난 지금 다시 제 몸을 드려 속죄제를 치를 이유는 없었을 터다.

그러나 곰곰 따져 보면 예수가 부활, 승천하시며 "가서 모든 족속을 제자 삼되 내가 너희에게 말한 그 모든 것을 가르쳐 지키게 하라" 하셨던 내용이 과연 '속죄 제의로서의 예수의 십자가' (만)이었을까 싶다. 요즘 길거리에서 흔히 보는 전도 구호처럼 '예수 천당, 불신 지옥' 이 가르쳐 지키는 전부였다면, '그 모든 것' 이라는 당부는 어찌 해석할까?

이런 질문을 던지는 이유는 오늘날 많은 교회에서 성서 해석과 교리의 진위가 '닫힌 통로' 로, '일방통행' 으로 전달되고 있는 것에 대한 안타까움 때문이다. 많은 목회자들과 신앙 지도자들은 마치 자신들이 '완전한 진리' 를, '진짜 정답' 을 알고 있는 양 자신 있게, 그리고 단호하게 대답을 한다. 거기에는 신자의 질문이 새로운 해석을 낳을 여지가 전혀 없다. 신자들은 물을 자격만 주어질 뿐 교회의 지도자들은 마치 '무오설' 을 다시 등장시켜야 할 만큼의 절대 권위로 하나님을 대신한다. 예수조차도 없었던 단호함이요 닫힌 해석이다.

"하나님 나라는 마치 ~과 같다." "하나님 나라를 어찌 비유할까?" 과연 예수가 그 질서를 몰라 그리 애매모호한 비유법을 사용했겠나? 당시 이스라엘 사람들의 일상을 이야기 소재로 끌어와 신바람 나게 군중을 모으던 예수는 분명 이야기꾼이었다. 그리고 그는 다양하고 무한한 해석의 가능성을 열어 놓는 비유법으로 하나님 나라의 질서를 설명하며 듣는 개개인에게 임할 성령의 역사를 인정한 이였다.

> "씨를 뿌리는 자가 뿌리러 나가서 뿌릴새 더러는 길 가에 떨어지매 새들이 와서 먹어버렸고 더러는 흙이 얇은 돌밭에 떨어지매 흙이 깊지 아니하므로 곧 싹이 나오나 해가 돋은 후에 타서 뿌리가 없으므로 말랐고 더러는 가시떨기 위에 떨어지매 가시가 자라서 기운을 막았고 더러는 좋은 땅에 떨어지매 어떤 것은 백 배, 어떤 것은 육십 배, 어떤 것은 삼십 배의 결실을 하였느니라 귀 있는 자는 들으라"(마 13:3~9)

예수가 기대한 것은 삼십 배, 육십 배, 백 배의 결실이었지 그 씨를 고이고이 모셔 영구 보전하는 것이 아니었다. 때문에 생각하고 기도하고 물을 여지가 있는 비유법으로 말씀하셨다고 믿는다.

> "무릇 있는 자는 받아 넉넉하게 되되 없는 자는 그 있는 것도 빼앗기리라"(마 13:12)

다소 뜬금없어 보이는 이 구절은 하나님 나라의 질서를 가르치는 예수의 말씀을 곱씹고 생각하고 기도하고 묻는 행위를 전제하지 않고서는 얼른 이해가 되지 않는다. 열심히 구하는 자는 풍성한 깨달음이 주어질 것이다. 하나님 나라의 질서와 성격에 대해, 그걸 실천하며 살아갈 구체적인 모습에 대해 더욱 많이, 더욱 깊이 깨닫게 될 것이다. 그것이 성령의 역할이기 때문이다.

교회가 만약 예수의 승천 이후 성령 시대를 살아가는 기독교 공동체의 이름이라면 이렇게 풍성하게, 다양하게 깨닫게 하시는 성령의 역할을 믿고 의지하고 허락해야 한다는 생각이다. 예수는 "아들을 욕되게 하는 자는 용서를 받을 수 있으려니와 성령을 욕되게 하는 자는 결단코 사함을 받지 못한다" 강력하게 경고하셨다. 그 말씀을 떠올릴 때마다 너무나 단호하게, 너무나 확신에 차서 배타적이고 획일적인 '정답'만 말하고 너무나 쉽게 '이단' 운운하는 교회 지도자들의 태도에 두려움이 엄습하곤 한다.

하나님의 이름이 이 창조세계를 초월한 절대 주를 의미해서, 인간사에 세세하게 관여하고 힘을 불어넣어 주시기 힘들만큼 초월적이라면, 그리고 예수의 이름이 이천여 년 전 유대 땅의 지리적·시대적 제한 속에서 살아간 구체적인 사람의 이름이라서 지금 21세기 대한민국 땅의 교회와 신자들에게 실시간 정답을 제시할 수 없는 유한함이 있다면, 보혜사 성령은 신약 성서를 쓴 예수의 제자들과 사도들의 시대에만 활동

하신 영이 아닐진대 지금도 여전히 살아 계셔서 신자들의 삶의 자리에서, 시대와 씨름하고 개인사적 의미와 투쟁하는 그들의 질문에 응답하시는 이름이지 않겠는가? 때문에 받은 말씀의 씨앗이 하나여도, 그걸 싹틔우고 열매 맺는 지난한 과정 중에서 누군가는 삼십 배, 누군가는 육십 배, 누군가는 백 배의 풍성함으로 그 말씀을 계속 자라게 할 수 있지 않겠는가?

때문에 예수 정신을 이어받고 살아 역사하시는 성령의 관계하심을 인정하는 교회라면, 앵무새처럼 1세기 헬라 시대를 살던 유대교인들의 문화적 제약 속에서 표현된 신앙 고백을 글자 그대로 더하거나 뺌도 없이 고이고이 간직하는 것으로 자족할 수 없을 것이다. 하나님이 살아 계시니, 성령이 계속 역사하시니, 하나님의 말씀은 지금도 계속 우리에게 새롭게 주어짐이 마땅하다. 그리고 살아 있는 교회는 사도 바울의 고백, 사도 요한의 고백, 베드로, 야고보… 신앙 선배들의 고백을 존중하되, 역시 산 신앙을 가진 공동체로서 계속해서 자라나는 말씀을 소통 가능한 언어로 세상에 전할 의무가 있다고 믿는다. 그래야 적어도 21세기 어느 날 1세기적 삶을 그대로 모방한 죽음을 직면하는 어이없음을 피할 수 있을 것이다.

사이, 교회의 존재론

"너랑 나랑은 그렇고 그런 사이니까, 사이니까~."

한동안 대학생은 물론 청소년들 사이에서도 자주 불리던 노래다. 한 인디밴드 출신 가수의 곡인데, 제작비와 흥행성이 거의 동의어로 받아들여지는 이 자본주의 사회에서 달랑 가수의 손가락 열 개만 등장시켜 아주 저렴한 비용으로 만든 뮤직비디오도 히트를 쳤다. 유쾌한 멜로디와 상큼한 가사에 더하여 신기하고 빠른 손동작을 따라하던 무수한 네티즌들은, 덕분에 '손가락에 쥐났다'고 불평 아닌 불평을 한다.

'사이' 참 친근한 말이다. 그리고 생각하면 참 신비로운 말이다. 그 어떤 위대한 존재도, 심지어 신이라 할지라도, 혼자서는 '사이'를 존재하게 할 수 없다. 사이는 최소한 둘을 필요로 한다. 너와 나, 하나님과 나,

신자와 이웃, 이렇게 둘 이상이 의미 있게 마주해야 비로소 '사이'가 만들어진다. 바쁜 도시의 일상 속에서 빈번히 스쳐 지나가는 무수한 사람들끼리는 '사이'라는 말을 쓰지 않는다. '군중 속 고독'이라 하지 누가 '군중 사이 고독'이라 하던가. 눈에 보이지 않으나 너와 나, 혹은 둘 이상이 마주 볼 때 비로소 생기는 공간 '사이,' 얼마나 신비로운가!

몰트만이라는 신학자는 심지어 하나님조차도 성자, 성령과 더불어 진지하고 긴밀하게 마주 보고 관계함으로 '사이'를 만든다고 말한 바 있다. '셋인데 하나'라는 삼위일체의 신비를 설명하느라 그간 동서의 많은 신학자들이 다양한 해석을 내놓았지만 나는 유난히 몰트만적인 설명에 공감이 갔다. 페리코레시스(perichoresis)! 이 헬라어 단어는 '상호침투적 관계성'을 의미한다. 본래 신학 분야에서는 나치안스의 그레고리가 처음으로 이 개념을 사용했는데, '한 사물이나 존재가 다른 사물이나 존재 안에 거함'(내주)의 의미와 함께, 둘 이상의 사물이 상호침투적이고 연관되어 있는 역동적인 관계성을 의미한다. 몰트만은 성부와 성자, 성령 사이에도, 하나님과 창조된 세계 사이에서도, 그리고 생명을 가진 만물 사이에도 이 페리코레시스적 관계성이 존재한다고 했다. 때문에 하나님도, 세계도, 인간도, 만물도 결코 고정적이지 않다는 것이다.

어느 한쪽의 절대의지가 일방향으로 흐르는 것이 아니기에 '사이'는 역동성을 가진다. 페리코레시스는 본디 고대 그리스의 군무 형태를 묘

사한 말이라고 한다. 춤이란 것이 그렇다. 네 힘을 받아 내가 춤을 추고
또 내 춤과 어울려 네 춤이 살아난다. 혼자는 출 수 없는 것, 서로의 힘
을 받아 서로 어우러져 멋진 하나의 춤을 만들어 가는 것, 그게 페리코
레시스다. 쌍방의 의지나 행동에 따라 상호 변화 가능성을 가지며, 때문
에 '사이'는 언제나 함께 만드는 미래를 향해 열려 있게 된다. 관계하는
쌍방의 의지나 행동에 따라 사이가 더 나빠질 수도 더 좋아질 수도 있
다. '사이'를 존재하게 하는 일, '사이'를 가꾸어 가는 일이 너만의 문제
도 나만의 문제도 아닌 것, 그것이 '사이'가 갖는 신비함이다.

하나님도 인간의 의지나 행동에 역동적으로 관계하시는 가운데 '케이
스 바이 케이스'(case by case) 즉, 다른 방식으로 '사이'를 만들어 가신
다. 성서에 기록된 이스라엘과 하나님 사이만 봐도 그렇다. 이집트의 노
역 생활이 고달팠던 이스라엘은 하늘을 향해 울부짖었다. 우리 좀 돌아
보아 달라고, 도대체 언제까지 이런 고난을 겪어야 하냐고 하나님께 온
몸으로 말을 걸었다. 하나님과의 관계성을 향한 몸부림이었다. 그런 이
스라엘의 고통을 들으시고 응답하여 구해 내신 하나님은 이스라엘과의
'사이'에서 친밀한 관계성을 만들어 가셨다. 그러나 신실하시고 한결같
으시다는 하나님에 대한 신앙 고백은 신적 본질에 대한 묘사이지 구체
적인 '사이'에서 언제나 미리 정한 반응, 같은 결정을 내리신다는 뜻은
아니다.

사실 이스라엘은 출애굽 이후 광야를 거쳐 정착하기까지 하나님과 참으로 드라마틱한 '사이'를 만들었다. 이스라엘이 하나님을 온전히 신뢰하는 동안에는 둘 사이가 참으로 좋았다. 하나님에 대한 절대 신앙을 의지하여 무기 하나 없고 상비군 한 사람 없이도 공동체를 안전하게 지켜내고 굶지 않고 피곤치 않게 지낼 수 있었다. 그러나 이스라엘이 황금 송아지를 만들고 모세의 인도에 반기를 들며 불신앙의 행동을 일삼았을 때, 이후 가나안에 정착하여 가나안적 제의 종교에 영향을 받고 그들의 삶의 방식을 모방하기 시작했을 때, 하나님과 이스라엘 사이는 그야말로 최악이었다. 오죽했으면 하나님께서 이 백성을 이집트에서 인도해 낸 것을 그리 후회하셨을까? 모세나 이후 하나님께 순종하던 예언자들의 중재가 아니었다면 하나님께서 더 이상 '의미 있게 관계하기'를 그치고 이스라엘로부터 영영 돌아서서 둘 '사이'를 끝장내었을지도 모를 일이다.

'사이'란 이렇게 가변적이다. 어이없고 화가 나서 당장 이스라엘과의 관계를 끝장내려던 하나님은 모세의 진정 어린 아룀에 마음을 돌이키신 바 있다. 출애굽기 32장에는 십계명을 받으러 산에 올라간 모세가 돌아오지 않자 불안감에 눈에 보이는 황금 신을 만들어 광란의 제의를 지낸 이스라엘의 불신앙이 묘사되어 있다. 그 꼴을 보신 하나님께서 모세에게 그러셨다.

"내가 이 백성을 보니 목이 뻣뻣한 백성이로다 그런즉 내가 하는 대로 두라 내가 그들에게 진노하여 그들을 진멸하고 너를 큰 나라가 되게 하리라"(출 32:9~10)

사실 이스라엘 백성의 악함은 마지못해 황금송아지를 만들어 준 아론의 눈에도 보였고, 모세가 보기에도 그 방자함이 하늘을 찌를 지경이었다. 하나님과 이스라엘 사이가 어찌 그리 불신하고 염려하고 불안해할 사이더란 말인가. 놀라운 구속 사건을 통해 그들과의 사이를 돈독하게 하셨던 신의 입장에서 보면 그 관계성을 끊고 싶은 심정이 왜 아니 들겠는가 말이다.

그러나 모세와 하나님 '사이'에서 일어난 관계성의 힘은 하나님을 변하게 했다.

"여호와여 어찌하여 그 큰 권능과 강한 손으로 애굽 땅에서 인도하여 내신 주의 백성에게 진노하시니이까 어찌하여 애굽 사람들이 이르기를 여호와가 자기의 백성을 산에서 죽이고 지면에서 진멸하려는 악한 의도로 인도해 내었다고 말하게 하시려 하니이까 주의 맹렬한 노를 그치시고 뜻을 돌이키사 주의 백성에게 이 화를 내리지 마옵소서 주의 종 아브라함과 이삭과 이스라엘을 기억하소서 주께서 그들을 위하여 주를 가리켜 맹세하여 이르시기를 내가 너희의 자손을 하늘의 별처럼 많게 하고 내가 허락한 이 온 땅을 너희의 자손에게 주어 영원한 기업이 되게 하리라 하셨나이다."(출 32:11~13)

하나님은 모세의 간곡한 변호에 마음을 돌이키셨다. 이는 결코 하나님의 속성이 이랬다저랬다 변덕쟁이라는 것도 아니고, 하나님의 판단이 조언을 듣고 수정할 만큼 불완전하다는 말도 아니다. 잊고 있었는데 모세의 말을 듣고 보니 아브라함 이하 믿음의 사람들이 기억났기 때문도 아니요, 자신을 우습게 평가할 애굽이 껄끄러워서는 더더욱 아닐 일이다. 이 이야기가 전하고자 하는 것은 하나님께서 상호 침투하는 페리코레시스적 관계성을 가진 '사이'인 모세의 말에 진심으로 귀기울이셨다는 의미고, 이렇게 '사이'는 서로에게 민감하게 반응하는 가운데 나의 변화를 가져온다는 메시지라고 이해한다.

이렇게 혼자서는 결코 만들어 낼 수 없는 신비의 공간 '사이!' 이는 하나의 유기체인 교회에게도 적용되는 말이다. 세상이 우리를 '개독교'라 부른다고, 그건 오해라고, 저런 속된 시각을 가진 세상과는 상종을 말아야 한다고 귀를 막고 등을 돌리는 것은 관계성을 끊겠다는 뜻이다. 그리고 그리 관계성을 끊는 순간 '사이'라는 신비의 공간, 변화 가능성의 공간은 사라지고 만다. 쌍방의 의미 있는 상호 침투 속에서 서로가 변화할 수 있는 역동성도 함께 사라진다. 그리고 종국에 가서는 나만의 아집과 독선에 사로잡혀 외톨이같이 고립되고 말 것이다.

동질성을 지닌 성도들끼리만 소통
하는 것에 더하여, 사이를 망치는
교회의 또 다른 문제점은 오로
지 일방향 내 이야기만 시종일
관 전달하는 습관이다. 이는
세상과의 '사이'를 더욱 나빠
지게 만들 것이기 때문이다.
대화와 소통의 기본 전제는 서

로를 향한 개방성이다. 내 주장과 행동을 분명히 해야 하는 것도 중요하
지만, 그것을 고집할 목적으로 하는 말과 행동은 설교요 퍼포먼스지 결
코 대화나 소통이 아니다. 기독교 복음으로 인해 내가 어떤 힘을 얻었는
지, 어떤 생명의 동력을 가지게 되었는지 진심으로 전달하지만, 그것만
큼의 진실성을 가지고 나를 열어 상대방의 이야기를 들어주는 것이, 그
리고 들음 속에서 내 생각들을 성장시켜 나가는 것이 '사이'를 가꾸는
데 필수적인 부분이다.

세상 사람들은 말한다. 기독교인들, 특히나 개신교인들은 말이 너무 많다고. 많기만 한가? 청산유수, 잘하기까지 한다고. 그런데 듣지를 않는다고. 제 말만 하고는 사라지지 상대방의 의미나 행동을 읽어 내려 조용히 곁에 있는 법이 없는 사람들이라고. 우리 옆에 있어 '사이'를 만들 기회를 허락하지 않는 사람들이라고. 그들의 비난을 접하며 교회가 성찰해야 하는 것은 무얼까? 이웃인 그들과 '좋은 사이 되기'를 실천하는 것, 이를 위해 먼저 곁에 서고 그들의 이야기를 들어주는 것! 교회는 하나님과 친밀한 '사이'를 만들어 가고, 이를 원천으로 하여 신자들과 이웃들과의 '사이'를 가꾸어 나가는 사람들의 모임이기 때문이다.

'종말'을 기다리는 공동체, 교회

"마라나타! 주 예수여 어서 오시옵소서!" 우리 손에 들려진 66권 성경의 가장 마지막 말이다. 육신과 영혼의 모든 질병을 치유해 준 놀라운 능력의 소유자, 카리스마 넘치는 언어와 행동으로 경전을 재해석하던 랍비, 삶의 방향과 해야 할 바를 제시해 주던 선지자, 이 유일한 스승 예수의 부활과 승천 이후 첫 교회 공동체는 매일매일 기다림으로 살아간 사람들이다. "너희가 본 대로 곧 오겠다" 약속하셨으며, 심지어 지금 승천의 모습을 보고 있는 사람들 중에는 다시 오시는 예수를 볼 사람도 있다 하셨기에, 예수 재림의 물리적 시간이 임박할 것이라고 모두들 그렇게 기대했다. "가르쳐 지키게 하라" 하셨던 나눔의 삶, 형제자매된 평등 공동체를 일구어 살며 하루 이틀 예수를 기다렸다.

이제 곧 하나님이 통치하시는 온전한 왕국이 이 땅에 도래할 터인데 지금의 소유, 지금의 직업, 지금의 삶이 뭐가 그리 중요하랴 싶어 전 재산을 다 팔고 교회의 공동체적 생활에 참여했던 초대 교회 교인들! 기다림이 간절하다 보니 마지막 날의 모습에 대해 계시를 받았다는 사람도 많았고 환상을 보았다는 사람도 많았다. 마지막 때가 되어 하나님이 통치하시는 왕국의 모습에 대해 참 구체적으로 비주얼한 묘사들이 넘쳐났다. 마지막 때가 이르는 절차와 방법들에 대해서도 다양한 이야기들이 등장했다. 주께서 특정한 날짜와 장소를 '계시'하셨다고 주장하며 일단의 무리가 시집가고 장가가는 일상을 뒤로 하고 극단적인 금욕과 철저한 경건으로 주님 맞을 준비를 하는 해프닝도 벌어졌다.

그렇게 하기를 이천 년째다. 아무리 하나님의 시간은 "천 년이 하루 같고 하루가 천 년 같다"지만, 예수가 말씀하신 '곧'이 인간의 인내심으로 기다리기에는 여간 긴 시간이 아닌 듯하다. 긴 기다림에 지친 것은 이미 1세기부터였다. 부활 승천을 막 경험했던 처음에는 예수님의 말씀을 기록할 필요성도 못 느꼈다. 곧 맞대고 볼 처지인데 뭘 글로 남기나. '성령의 불'을 받은 제자들의 카리스마 넘치는 포교 활동에 교회 공동체가 눈덩이처럼 커 가도 처음에는 걱정도 안 했을 일이다. 유지하고 지키고 전수하는 일들이 도통 불필요하게 보였을 테니까. 그런데 기다리기를 10년, 20년, 30년… 예수를 직접 대면했던 제자들이 늙기도 하고 순교도 당하고, 첫 세대가 사라질 무렵까지 안 일어나는 재림으로 인해 초대 교회는 초조해졌다. 교회는 결국 공동체를 유지해야 하는 제도적 필요성을 느낄 수밖에 없었다. 그러려니 예수의 말씀을 기억하며 기록하는 일도 필요해졌고, 교회 공동체 내의 질서와 규율도 확립해야 했다. 어느 집단의 종말론적 비전은 이단 사설로, 어떤 이(요한계시록의 저자)의 종말론적 비전은 '하나님의 영감으로 기록된' 완전한 계시로 선포해 소위 질서 유지를 꾀했던 풍경은 그래서 벌어졌을 것이다.

의도와 과정이 어찌되었든 신약 성서 안에 '종말의 전개'를 그린 권위 있는 책 한 권을 가지게 된 교회는 이후 '요한계시록'의 순서와 절차에 따라(서만) 종말을 기다려야 하는 것으로 믿고 살았다. 모든 묵시문학이 그러하듯이 요한계시록의 언어 자체는 당대를 언급하는 상징어와 은유였을 터인데, 시절도 콘텍스트도 다 잊고 '영원불변의 하나님의 계시 말씀'이 되어 버린 그 텍스트는 지금까지도 수많은 설교자들에게 유일한, 그리고 절대적인 종말론 교과서가 되어 버렸다.

긴긴 세월동안 경건하고 조예 깊은 교부들과 신학자들, 설교자들과 목회자들에 의해 풀이된 요한계시록의 종말론적 비전과 내용, 절차를 논하려는 것은 아니다. 그럴 역량도 못 되거니와 그 작업 자체가 이 글에서 말하고자 하는 '종말론적 공동체'로서의 교회와는 그다지 큰 관련이 없기 때문이다. 환상을 본 것도 아니요 종말론에 대해 일가견이 있는 학자도 아니지만, 신학자로서 그리고 신앙인으로서 지금까지 내가 배워 왔고 고백했던 교회 공동체의 정체성 중 가장 큰 부분은 '종말을 기다림'이라고 믿는다. 예수의 '하나님 나라' 비전 자체가 종말론적이었다. 예수의 선포에 의해 '이미' 시작된 그 나라의 질서와 삶의 방식은 이 땅에 '아직' 이루어지지 않았기 때문이다.

결국 '이미'와 '아직' 사이를 살아내야 하는 모든 교회는 종말론적일 수밖에 없다. 때문에 일찌감치 '기다림'을 포기하고(혹은 망각하고), 현세적 축복과 번영만을 설교하는 교회는 알맹이를 빼놓은 껍데기다. 그러나 종말의 구체적인 시기와 장소는 예수께서도 '아버지만 아시는 일'이라 하셨으니 구체적인 종말 정보를 제시하는 이단 사설에 현혹되지 말고 그저 매일매일을 종말론적으로 최선을 다해 살아라, 그리 설교하는 다수의 가르침도 실은 충분치 않다. 매일매일을 종말론적으로 산다는 것이 무엇을 의미하는지, 종말을 기다리는 공동체로서의 교회가 매일매일 종말론적이어야 하는 실천은 무엇인지, 구체적으로 묵상하고 고민하고 성찰하지 않는다면 그건 교회의 종말론적 정체성을 '슬쩍 옆으로 밀어놓은' 무책임이라 생각하기 때문이다.

교회는 "하나님의 뜻이 하늘에서 이룬 것 같이 이 땅에서도 이루어지이다" 그리 소망하고 기다리는 공동체다. 그 소망과 기다림은 실은 '전천년설'이나 '후천년설'과 같은 종말론 이론과는 아무 상관이 없다. 적그리스도가 누구인지 실체를 밝히는 문제도 핵심이 아니다. 기독교인들의 대환란 이전에 먼저 들려 올라갈 신앙을 가진 사람들의 명단에 내가 들어 있는지, 휴거는 어느 시점에서 일어날 것인지, 우리 가족이 다 들려 올라가야 할 텐데 그 방도가 무엇일지의 차원이 아니다. 이런 종류의 궁금증이나 전망은 실은 공동체로서의 교회가 가져야 할 종말론적 기대와 큰 상관이 없다.

교회는 지금 현재의 질서가 '아직' '온전히' 하나님의 뜻대로 진행되고 있지 않음을 매일매일 인식하는 공동체라는 의미에서 '종말론' 적이다. 키워드는 '아직' 과 '온전히' 다. 때문에 그 어느 종교 지도자도, 그 어느 신실한 기독 신앙을 가진 정치 지도자도, 그 어느 경건한 부자도 현재의 특정한 제도나 집단이나 상태를 '하나님이 온전히 기뻐하시는 완성태' 로 선포할 수 없다고 보는 공동체가 '종말론적' 인 교회의 모습이다. 조금은 철학적인 표현으로 교회는 '이미 와 있는 미래' 를 믿는 공동체이기에 결코 '보수적' 일 수 없다는 말이다. 예를 들어 자유민주주의나 자본주의, 이성애적 핵가족은 '하나님 나라' 의 질서가 아니란 말이다. 우리가 기독 신앙을 가지고 꼭 '지켜야 하는' 제도나 상태가 아니란 말이다. 사회민주주의도, 공산주의, 동성애적 자유연애도 '하나님 나라' 의 완성태가 아니기는 마찬가지다. 때문에 확정적인 언어로, 뚜렷한 대상을 향해 저주나 축복의 말을 쏟아 내는 교회는 전혀 '종말론적' 이지 않다고 본다. 교회가 '종말론적' 이 된다는 것은 현재 존재하는 어느 특정한 삶의 양식을 보수하고 지키는 것과 정확히 반대가 된다. 예수가 꿈꾼 하나님 나라는 아직 오지 않았다.

모든 유토피아의 기능이 그러하듯, 아직 오지 않은 하나님의 나라와 온전히 이루어지지 않은 하나님의 통치 질서는 방점이 '언제 오는가'에 있지 않다. '아직 오지 않은 그 미래'를 기다리는 마음과 시각이 기준이 되어 현재를 점검하고 성찰하고 판단하는 데에 기독교 종말론의 진정한 의미가 있다. 모순 어법으로 들릴 수도 있겠으나 기독교 종말론의 기능은 그것이 영향을 미치는 시간의 차원으로 보자면 차라리 '현재'에 있다. 아직 도래하지 않은 미래가 지금 이곳에서 현재를 부정하거나 개혁하거나 발전시키는 힘을 제공하기 때문이다.

물론 '종말의 때'로부터 자유로워야 한다고 해서 '종말의 내용'을 그리는 일을 멈춰야 한다는 뜻은 아니다. 교회는 분명 '하늘에서 이루어진 뜻'이 무엇인지, 그 뜻을 헤아리고 찾아내어 '이 땅에서 이루어지도록' '지금-여기'에서 하나님 나라 도래에 참여하는 삶을 살아가는 신앙인들의 공동체다. 만약 교회가 '보수'적이어야 한다면, 그러니까 무언가를 보존하고 지켜야 할 것이 있다면 그것은 오직 하나다. 하늘에서 이루어진 뜻, 그것이 결국은(마지막에는) 이 땅에 이루어질 것이라는 믿음 말이다. 하늘 뜻은 모든 기독인이 헤아리려 곱씹고 기도하고 평생을, 혼신을 다해야 할 지상 과제지만, 그러나 어느 누구도 온전히 알고 완전히 깨닫고 다 이룰 사람은 없다. 그러니 현재의 정치·경제·사회 제도적 삶을 정당화하면서 "이것이 하나님의 뜻"이라 쉽게 단정하는 교회는 전혀 '종말론적이지' 않은 공동체다. 편가르기를 하여 특정 집단이나 그룹이 하나님의 대리자인양 정당화하는 교회도 전혀 '종말론적이지' 않은 공동체다.

　교회는 그래서 '영원히 기다리는' 공동체여야 한다. 현재의 그 어느 것도 정당화하거나 신성시하지 않는 기준이 그 기다림에 있어야 하는 공동체다. 그 기다림이 세상 초월적이거나 현실 도피적이어서는 안 되는 공동체다. 하늘에서 이미 이루어진 그 뜻이 이 땅에서 이루어지도록 그 책임을 다해야 하는 공동체다. 그래서 교회는 결코 종말론적이기를 그칠 수 없는 공동체다.

'종말'을
기다리는 공동체,
교회

에필로그

주장하기보다는 '사는' 공동체

주장하기보다는 '사는' 공동체

참 말이 많았다. 〈기독교세계〉에 두 해 동안 연재를 하며 쓴 글이었다. 한 달에 서너 쪽 분량의 글쓰기는 교회 관련 내공과 에피소드가 많은 나에게 그다지 길게 느껴지지 않았는데, 모아 놓으니 참으로 길고도 많은 말이다. 처음부터 스무 꼭지 주제를 정해 놓고 시작한 것도 아니었고, 틀 잡고 방향 잡아 조직신학적으로 전개한 것은 더더욱 아니었다. 사적 개인사로도 전공 영역에서도 내 관심의 중심축을 형성했던 '교회'의 존재 이유와 존재 방식을 곱씹을 수 있었던 귀한 기회였기에, 그저 한 달 한 달 기도하며 그때그때 접한 사건사고들을 묵상하다 '만나'처럼 받은 말씀을 적다 보니 어느덧 오늘일 뿐.

그간 주장해 온 말들을 다시 돌아보며 뒤늦게 굳이 범주화라는 것을 해 보았다. 한데 묶어 단행본으로 내려 한다는 감리교 출판국의 제안 때문이기도 했지만, 실은 스스로도 정리하고픈 마음이었다. 교회에서 나고 자라 삶이 온통 교회를 중심으로 돌아간 사람으로서 보고 듣고 느꼈던 것들을 그때그때 쏟아 놓았지만, 난 교회를 향해 무슨 주장을 하고 싶었던 것일까? 내가 믿는바 '교회의 교회된 모습'은 어떤 것들일까?

사실 글을 연재하며 현재의 교회를 비판하는 말을 많이 썼지만 그래도 '교회를 교회되게 하자'는 애정 어린 맘이 더 컸음을 고백한다. 적어도 교회는 이래야 하지 않을까 싶은 부분을 '교회는 …이다'에 방점을 찍으며 1부에서 다섯 주제로 모아 보았다.

*교회는 '세상 밖으로 나가는 공동체'가 되어야 한다. 에클레시아, 밖으로 불려져 나온 하나님의 사람들이라는 그 이름대로 살기 위해, 내 복이 아니라 네 복을 빌어 주며 너에게 복의 근원이 되고자 자꾸 세상으로 나가는 공동체여야 한다. 때문에 '우리 교회 안으로만'이라는 확장된 이기주의는 버려야 한다.

*교회는 세습을 포함하여 영속하려는 자기 확장의 욕망을 놓고 '그칠 줄 아는 공동체'여야 한다. 오직 여호와만이 우리의 왕 되신다 고백하

며 그 어떤 영속하는 인간 지도력도 거부했던 이스라엘의 초기 신앙을 본받아, 교회는 자신의 불완전성과 임시성을 순간순간 고백해야 한다.

*교회는 '성령을 나누어 가진 신자들의 평등한 공동체'다. 기독교 신앙의 핵심은 하나님의 절대 자리에 그 어느 것도 올려놓으면 안 되는 '초월 신앙'이기에 누구도 말씀을 독점할 수 없다. 때문에 결코 거룩함에는 서열이 지워질 수 없다.

*교회는 오랜 육체 혐오 전통에서 벗어나 '성성을 긍정하는 공동체'가 되어야 한다. 예수께서 단 한 번도 더럽거나 사악하다 하신바 없는 육체를 대립적으로 바라보지 말고 하나님이 창조하신 선한 성성을 바른 관계성 안에서 책임 있게 윤리적으로 실천하는 방법을 공론화하자.

*교회는 자신의 자리에서 창조적으로 신앙을 표현하는 공동체가 되자. 근대 문물과 함께 들어온 역사적 우연성으로 인해 편만해진 '미국산' 교회 형태를 이제는 놓자. 복음의 보편성이야 훼손되면 안 될 일이지만 우리의 오랜 종교심, 오랜 공동체적 관계방식과 만나 고백되는 한국적 교회를 만드는 일은 살아 있는 신앙인이라면 자연스런 결과다.

교회의 현재적 존재 방식에 문제점을 제기하며 교회의 모습을 그리다 보니 부정적인 표현이 많았던 것이 사실이다. 하지만 프롤로그에서도 고백했듯이 나는 철저히 내부자로서 내뱉은 아픈 말들이었다. 여기 저기 '아니다'를 외친 본문들이 많이 있지만 가장 강력하게 부정하고자 했던 주제들을 모아 2부를 엮었다.

 *교회는 감정만 앞서는 공동체가 아니다. 집단적 열광으로 잠시 황홀경에 빠졌다가 일상으로 돌아가는 감정의 공동체로는 오늘날 승자독식의 사회, 삶의 분열을 가져오는 구조적 배치에 대안이 되는 삶을 살수 없다. 우리가 살아가는 사회도, 복음의 의미도 냉철하고 철저하게 분석하고 곱씹는 이성을 겸비해야 한다.

 *교회는 현세적 욕심을 신앙의 이름으로 정당화하는 공동체가 아니다. 율법 신동 예수와 글로벌 최강 스펙 바울의 삶이 그러했듯이, 절대로 맘몬과 같이 갈 수 없는 삶이 하나님 신앙을 가진 우리의 길이다. 그래서 세상의 눈으로는 차라리 '실패한 공동체'로 보이는 것이 교회와 신자의 옳은 존재 방식이다.

 *교회는 정치하는 공동체가 아니다. 신적 소명과 명분에서 정치를 하겠다는 중세적 발상이나 특정 제도가 마치 하나님 나라인양 보수하고자 하는 노력은 교회의 본질과 멀다. 정치판 근처에도 안 가 본 예수가 십자가에 내몰렸던 것, 제국과는 무관한 삶을 살던 초대 교회 교인들이 사자굴에 던져졌던 것은 그들이 정치를 해서가 아니라 하나님의

뜻대로 살아가는 이들의 급진적인 신앙이 제국을 만들려는 정치인들에게 위협이 되었기 때문이었다.

*교회는 은혜 체험의 감격을 뻔뻔함으로 바꾸는 공동체가 아니다. 하나님으로부터의 죄사함은 즉각적일 수 있어도 사람 사이에는 언제나 충분한 참회와 용서의 시간이 필요한 법이다. 따라서 하나님이 용서하신 것을 네가 아직도 분해하느냐며 불신앙으로 치부하는 뻔뻔함은 버려야 한다.

*교회는 배제하는 공동체가 아니다. 교회가 신앙의 언어로 행여 특수 집단의 특수 이익을 주장하거나 옹호하고 있지는 않은지 끊임없이 반성하자. 우주 생명을 지켜 내는 일, 생명간의 차등 없는 보편적 삶을 만들어 내는 일이 결국 '하나의 보편 교회'가 추구해야 할 소명이다.

3부는 사람들의 공동체인 교회가 이웃을 대하는 태도에 대한 이야기로 묶어 보았다. 교회 안에서 서로 상호 작용하는 방식뿐만 아니라 우리가 살아가는 세상의 변화를 주목하며 시의적인 문제들 가운데 우리의 존재 방식을 고민했다.

*교회는 성도들 간에 '서로를 건설하는 공동체'여야 한다. 신앙의 이름으로 누군가에게 희생을 강요하는 것은 교회의 존재 방식이 아니

다. 그러니 세상 제도의 성별 분업이나 각종 계층적 차별을 교회 안으로 그대로 가져오지 말고, 각자가 하나님으로부터 받은 달란트를 마음껏 개발하고 사용하도록 편견 없이 서로 격려하고 돕는 공동체가 되자.

*교회는 이웃을 향해 구체적으로 '열린' 공동체여야 한다. 예수의 나사렛 선언, 어머니 마리아의 찬가는 힘없는 사람, 약자들, 가난한 사람들, 굶주린 사람들, 억압받는 사람들과 삶을 함께 하라는 하나님의 부르심이었다. 흙먼지 뒤집어쓰고 죄인들과 함께 하셨던 예수를 기억한다면 인적 자원, 공간, 금전력 다 있는 오늘의 한국 교회는 사회적 약자를 향해 매일매일 자신의 바운더리를 열어야 한다.

*교회의 진정한 코이노니아는 구체적 관계성에서 비롯되어야 한다. SNS 시대에 먼 거리 인간들끼리의 과잉 접속에 시달리느라 위를 앙망할 시간을 잃어버린 '정보피로증후군' 신자들이 되지 말자. 신앙인 개인과 하나님의 교제가 먼저, 그리스도의 이름으로 만난 형제자매인 '교회'의 교제가 둘째, 이를 바탕으로 이웃과 눈 맞추고 온기를 나누는 직접적인 만남이 중요한 교회의 사명일진대, 구체적 관계성을 망각하거나 추상화하거나 주변화시킬 위험성을 고려하자.

*갑과 을의 세상에서 교회는 모든 경계를 무화시키는 대조사회여야 한다. 대조사회로 존재하기는커녕 오히려 세상의 고용—피고용 관계를

닮아 교회 안에서 갑을 놀이를 하는 교회 공동체를 반성해야 한다. 하나님 나라의 수평적 차원을 드러내는 공동체인 교회, 그리스도의 이름으로 모인 공동체일진대 대안이 되는 인식론으로 신도들을, 이웃을, 동료를, 사람을 대해야 할 것이다.

*교회가 원수를 사랑하는 법은 새로운 관계성을 제시하신 예수로부터 배워야 한다. 원수를 대할 때조차 그들을 연단의 채찍으로 수단시 하지 말고, 이웃으로서의 원수를 기억하자. 원수는 하나님의 사랑하는 자녀, 나만큼이나 변화하고 신앙이 자라야 할 하나님의 사람이기에 그가 하나님의 방법으로 살아가도록 철저히 싸우는, 때론 죽기까지 그리하는 것이 예수께서 보여 주신 원수를 사랑하는 방법이었다.

보다 적극적으로 '교회가 교회되기' 위해 씨름해야 하는 신학적 성찰을 4부로 모아 보았다. 조심스러운 부분도 있고, 연자 맷돌을 매는 것이 차라리 낫지 않을까 기도와 고민도 많이 한 주장들이 있으나 신학자로서 신앙인으로서 현재의 내 고백을 진솔하게 나누고 싶었다.

*소테리아! '구원의 진정한 의미를 되새기는 교회'가 되어야 한다. 삭개오가 재산의 반을 나누는 삶을 살고자 선언한 뒤 예수의 입을 통해 선포된 구원처럼, 하나님 나라의 질서는 다름 아닌 '희년'의 질서임

을, 이를 자기의 삶의 질서로 고백하고 몸으로 살아내는 것이 진정한 구원이다.

*부족신앙과도 같은 경쟁적 하나님 이해를 벗어나 진정한 유일신앙을 가지자. 제대로 된 '유일신앙'이라면 인간의 지각 영역을 초월하시는 분, 인간의 제한된 이해와 언어로는 도저히 다 표현할 수 없는 그분을 마치 우리만 다 알고 독점한 양 그리 쉽게, 독선적으로 주장할 수 없다.

*교회는 자라는 신앙 고백 속에서 예수 사건을 끊임없이 재해석해야 한다. 교회는 1세기에 통용되던 언어와 문화적 상징을 21세기에도 고수하며 사는 공동체가 아니기 때문이다. 하나님 나라 복음의 씨를 삼십 배, 육십 배, 백 배 싹틔울 것을 기대하셨던 예수의 소망처럼, 성령 시대를 살아가는 교회는 풍성하게 다양하게 시의적으로 깨닫게 하시는 성령의 역할을 믿고 우리에게 새롭게 주어지는 말씀을 받아 신앙 가운데서 표현하는 '자라는 신앙 고백의 공동체'여야 한다.

*교회의 '사이' 존재론은 하나님께서 허락하신 신비한 상호성이다. 일방적인 하나님의 뜻도, 인간의 조름도 아닌 가변적 관계성의 공간인 '사이'를 교회가 세상을 대하는 방식에도 적용하자. 오로지 일방통행 내 이야기만 주장하는 교회는 세상과 의미 있는 '사이'를 지어낼 수 없으니까.

*종말론적 공동체인 현재적 교회는 언제나 미완(未完)의 공동체다. 예수의 선포에 의해 '이미' 시작된 하나님 나라의 질서와 삶의 방식은 이 땅에 '아직' 이루어지지 않았다. 지금의 제도와 질서가 '아직' '온전히' 하나님의 뜻대로 진행되고 있지 않음을 매일매일 인식하는 공동체라는 의미에서 교회는 언제나 '종말론'적이다. 때문에 어느 종교 지도자도, 신실한 신앙을 가진 정치 지도자도, 경건한 부자도 현재의 특정한 제도나 집단이나 상태를 '완성태'로 선포할 수 없다.

결국 그 모든 것을 한마디로 요약하자면 "주장하지 말고 살자" 함이었다. 내 신앙의 멘토 김교신 선생의 말이기도 하다. 교리 논쟁 하느라 말이 많고, 교권 다툼 하느라 말이 많고, 교회 건물 멋들어지게 짓고 신자 끌어 모으느라 말이 많은 한국 교회를 향하여 "예수의 가르침대로 살자!" 하며 불꽃같이 살다 딱 지금의 내 나이만큼 살고 간 참 그리스도인. 나 역시 그리 살지는 않으면서 말만 많지 않았나, 뒤돌아보게 된다. 한 인간의 말이 맞으면 얼마나 맞고, 힘이 있으면 얼마나 있으랴. 그저 믿는 대로 살려 한다. 기독교는 주장하는 종교가 아니라 사는 종교니까!

The church to be the church

초판 1쇄 2014년 1월 24일
백 소 영 지음

발 행 인 ㅣ 전용재
편 집 인 ㅣ 손인선
펴 낸 곳 ㅣ 도서출판 kmc
등록번호 ㅣ 제2-1607호
등록일자 ㅣ 1993년 9월 4일
(110-730) 서울특별시 종로구 세종대로 149 감리회관 16층
        기독교대한감리회 출판국
대표전화 ㅣ 02-399-2008, 4365(팩스)
홈페이지 ㅣ http://www.kmcmall.co.kr
디 자 인 ㅣ 디자인 화소 02-783-3853

값 10,000원
ISBN 978-89-8430-633-2 03230

※ 이 도서의 국립중앙도서관 출판시도서목록(CIP)은 서지정보유통지원시스템 홈페이지(http://seoji.nl.go.kr)와
   국가자료공동목록시스템(http://www.nl.go.kr/kolisnet)에서 이용하실 수 있습니다. (CIP제어번호 : CIP2014000829)